다른 사람을 설득하려고 한다면

먼저 다른 사람이 당신의 말을 들을 수 있게 만들어야 한다.

협상전문가 리어 찰스

완벽한 대화는 그 대화의 기조를 결정한다.
당신이 처음에 무슨 말을 했는지에 따라
그 대화가 어디에 멈출 것인지 결정된다.

소통전문가 마츠 하요슬

태어나면서부터 말을 잘하는 사람은 존재하지 않는다.
대중 앞에서든 개인적인 자리에서든 우리는 두려움 때문에
말실수를 저지른다.

토론클럽 교수 스테판 포스차드

낯선 사람과의 대화가 매력적인 이유는
우리가 그들에 대해 아무것도 알지 못하기 때문이다.
에드몬드 페레스

1시간에 끝내는
대화의 기술

옮긴이 정영재

어린시절을 중국 베이징과 신장 우루무치에서 보냈고, 현지학교에서 중국 친구들과 어울리며 중국 문화와 문학을 배웠다. 예술, 특히 문학과 음악에 많은 관심을 가지고 있으며, 아름다운 음악과 글로 가득 찬 삶을 꿈꾼다. 번역가로 활동 중인 친누나의 권유로 번역을 시작하였고, 현재 뮤지션 및 번역가로 활동하며 꿈을 펼치고 있다.

1시간에 끝내는
대화의 기술

펴낸날 2021년 9월 24일 1판 1쇄
2021년 10월 25일 1판 2쇄

지은이 리상룽
옮긴이 정영재
펴낸이 강유균
편집위원 이라야 남은영
기획·홍보 김아름 김혜림
교정·교열 이교숙 정아영
경영지원 이안순
디자인 바이텍스트
마케팅 신용천

펴낸곳 리드리드출판(주)
출판등록 1978년 5월 15일(제 13-19호)
주소 경기도 고양시 일산서구 고양대로632번길 60, 207호(일산동, 대우이안)
전화 (02)719-1424
팩스 (02)719-1404
이메일 gangibook@naver.com
홈페이지 www.readlead.kr
포스트 https://post.naver.com/gangibook

ISBN 978-89-7277-353-5 (03320)

1시간에 끝내는 대화의 기술

리상룽 지음 | 정영재 옮김

일, 사랑, 관계를
기적처럼 바꾸는
말하기 비법

prologue

어떻게 소통할 것인가

우리는 쉴 새 없이 '말'을 하고 듣는다. 누군가를 만날 때는 말할 것도 없고, 책을 보는 것 역시 작가가 전하는 말을 다른 방식으로 듣는 것이다. 음악도 마찬가지다. 노래 가사는 작사가가 대중에게 전하는 말이다. 선율로만 된 클래식은 작곡가가 어떤 풍경이나 분위기를 들려주는 이야기이고, 그림은 화가가 담아낸 이야기를 감상하는 것이다. 그러므로 우리는 말의 작용 속에서 살아간다고 해도 과언이 아니다.

말은 곧 소통이다. 말로 자기 생각을 전달하며 타인과 의견을 나누고 협력하여 공감을 얻어낸다. 소통이 잘되는 관계에서는 갈등도 줄어든다. 말하지 못하는 동물조차 울음소리나 행동, 냄새 등으로 교감하고 무리를 이루는 생태를 보면 소통은 생존을 위한 필수 요건이라고 할 수 있다.

우리가 '말'로 사용하는 인류 언어는 400만 년의 진화사를 거쳤다. 인류의 언어가 어떻게 첫발을 내디뎠는지는 아직도 미스터리다. 그 이면에는 대량의 언어 진화와 발달단계가 있었을 것이다.

세계에는 약 5,000여 개의 언어가 있는데 그 언어가 형성된 배경에는 민족의 문화와 역사가 영향을 미쳤을 것으로 본다. 한자로 통용되는 상형문자만 하더라도 문자가 만들어지던 시대의 가치, 과학, 관습이나 사상이 담겨 있다. 오늘날은 어떤가. 인터넷과 SNS, 방송에서 나오는 새로운 단어가 한 집단에서만 상징적으로 쓰이고 이색적인 언어문화를 이루기도 한다. 이제는 이런 현상이 익숙해져 신조어들을 자연스럽게 접하게 되었으며, 신조어를 모르면 시대에 뒤떨어진 것처럼 느껴지기도 한다. 이것이 바로 언어의 진화이다.

새로운 단어는 국경을 넘어 다른 나라에도 영향을 미친다. 그 바탕에는 문화의 교환이 깔려 있다. 그렇다면 미래에는 언어가 어떤 형태로 발전할까. 인간 대 인간을 넘어 외계 생명체와 교류까지 가능하게 발전할지 모른다. 그만큼 '말'로 하는 소통의 범위가 넓음을 밝혀두고 싶다.

소통의 의미와 중요성도 알지만 우리는 이 '말'에 대해 어려움과 두려움을 가지기도 한다. 이는 자신이 '말' 즉 언어의 사용 기술이 부족하다고 생각하기 때문이다. 말로 자신을 드러내며 상대에게 영향력을 발휘해야 하는데 오히려 말이 갈등과 오해만 불러오는 경우도 많다. 공감과 배려를 전하는 말을 했지만 상대에게 진정성 있게 전달되지 않는다. 사회적 관계뿐 아니라 부부간 대화에서도 말로 유발된 소통의 한계에 부딪힌다. 특히 성격이 내성적이라면 자기 의견을 자신 있게 말하지 못한다. 그런 자신에게 실망하고 그 자리에서 하지 못한 말이 후회스럽지만 이미 돌이킬 수 없는 상황이다. 협상이나 토론에서는 어떤가. 밀고 당기는 의견 교환에 능숙하지 못해 상대의 의견대로 조정된다. 이로써 손해는 자신의 몫으로 돌아온다.

안 될 일이다. 경제적 손해의 문제가 아니라 정신 건강에 좋지 않다. 말을 잘하지 못해 생기는 문제나 상대와 소통하지 못함으로 쌓이는 스트레스는 이를 해결하지 못하는 한 그 굴레에서 벗어나지 못한다.

내향적 성격의 나는 이런 문제로 수십 년 고민하고 연구했다. 그 결과 지금은 연설의 대가라고 자부할 정도로 성장했다. 이에 말하기와 소통의 노하우를 공개한다. 말의 어려움을 해소해주고 소통의 달인이 되는 비법이다.

이 책의 구성은 많은 청중과 독자들이 내게 질문해준 내용을 근거로 삼았다.

상대방과 할 말이 없으면 어떡해요?

어떻게 질문해야 할지 모르겠어요.

갈등은 어떻게 풀어야 하나요?

어떻게 해야 부부간의 마찰을 줄이고 효과적으로 소통할 수 있을까요?

승진, 연봉 협상은 어떻게 해야 할까요?

높은 효율의 강연을 하려면 어떻게 해야 하나요?

이러한 질문은 우리 삶의 근간을 이루는 문제들이다. 이를 해결하는데 '말'이 쓰인다는 사실은 부인할 수 없다. 언어를 통해 구현되는 말의 힘이 삶의 질을 이끈다. 이를 알지만 자신이 하는 말에 자신이 없는가? 말을 더 잘하고 싶은가?

자, 이제 소통의 난제들을 해결하기 위해 이 책을 펼쳐보자. 모두 4개의 Part로 구분했다. 인간관계, 직장에서의 소통, 대중 앞에 서는 연설, 말의 힘을 보여줄 수 있는 스토리텔링과 갈등 해소로 구분해 우리가 직면한 언어 소통 문제를 다뤘다. 이 책은 당신이 일상에서 겪는 소통의 어려움에서 벗어나게 도와줄 것이다. 인간관계를 원만하게 만들어주고, 소통에서 주도권을 잡고 어느 장소에서든 중요한 대화를 잘 풀어나갈 수 있게 해주리라 믿는다.

더 넓은 세상에서 다시 만나길 바라며, 소통의 달인이 될 당신을 응원한다.

차례

PART 3 사고를 리드하는 연설에 주목하라

PART 4 말에는 보이지 않는 힘이 있다

나는 질문하는 방식을 사용하는 습관이 있다.
문제를 해결하는 방법과 더 빠르게 지식을 공유하는 방법을
다른 사람에게서 찾는 것이다.

마이클 마크바트

PART 1

관계의 벽을 허물고 이어주는 말

'효율적인 교제'는 소통하며 대화하고, 돌발 상황에 영리하게 대처하며, 자기 의견을 원활하게 전달하는 관계를 말한다. 이로써 더 나은 사회적 관계가 유지된다. 대화는 교제에서 유대감을 높이는 필수 요소이다. 그러나 말을 잘 이용하지 못하면 관계에 금이 가고 회복 불가능한 관계를 만든다. 다가설 수 없는 거리감도 말이 만든다.

폭력적인 대화로
서로에게 상처를 주지 마라

말을 안 하는 것보다 더 치명적인 것은 말로 하는 공격이다. 예전에 부모님과 함께 지낼 때 무척 많이 싸운 기억이 난다. 나는 부모님과 의견이 맞지 않으면 바로 언성을 높였다. 감정이 격해지면 소리를 지르며 무자비한 말로 부모에게 상처를 주었다. 어느 땐 일부러 상처 주는 말만 골라 하기도 했다. 나를 이해 못 하는 부모님이 답답했고 시대가 변했는데도 낡은 가치관을 주입하는 게 원망스러웠다. 주변 이야기를 들어보니 친구들도 예외는 아니었다. 그래서 우리는 모든 원인을 부모와 세대 차이로 돌린다.

시간이 흐른 뒤 로젠버그 박사가 쓴 《비폭력 대화》를 읽고

서야 언어의 폭력성을 생각했다. 당시 내 언어가 부모님에게 가한 폭력은 심각한 수준이었다. 이런 실수를 원하지 않는다면 '남에게 상처 주지 않는 대화' 방식을 배워야 한다.

비폭력 대화는 소통과 관계에 굉장히 중요한 역할을 한다. 우리는 은연중에 말로 폭력을 가한다. 무의식적으로 튀어나오기도 한다. 상대는 치유와 회복이 불가능한 상처를 입지만 본인이 이를 인식하지 못하는 경우 이들의 유대감은 나락으로 떨어진다. 관계가 불편해진 사람이 있다면 그 원인을 분석해 보자. 대부분 말 때문이다.

남편 : 나만 바쁘지? 됐어, 당신이 뭘 한다고!

아내 : 그래, 마셔라 마셔. 아주 죽을 때까지 마셔봐!

교사 : 멍청하긴. 이렇게 쉬운 문제를 틀려?

상사 : 자네는 게을러서 성공하긴 틀렸어. 어떻게 매일 늦는가?

일상에서 아주 흔하게 사용하는 폭력성 대화의 예를 들었다. 이런 말들은 자칫 감정싸움, 몸싸움으로 번질 우려가 있다. 안타깝게도 폭력적 대화의 가장 큰 피해자는 가족이나 친구, 동료 선후배 등 아주 가까운 사이다. 자신이 얼마나 심각한 언어폭력을 가했는지 그 심각성은 모른 채 친하니까 함부로 말하고 이해해주리라 믿는다. 그 때문에 가장 사랑하는 사람에게 가장 깊은 상처를 남기기도 한다.

1984년, 로젠버그 박사는 비폭력 대화 센터를 만들고 대화법을 강의했다. 그가 말하는 비폭력 대화NVC : Nonviolent Communication는 무엇일까?

비폭력 대화는 '사랑의 언어'이다. 간디가 인도에서 일으킨 '비폭력 불복종 운동'과 연결해 생각하면 이해하기 쉽다. 폭력에 폭력으로 저항하지 않고 복종하지도 않는다는 원칙이다. 비폭력 대화는 이 이론에 뿌리를 두고 만들었다.

부모님과 싸웠던 지난날을 돌아보면, 나는 부모님의 말이 강압적이라 느꼈다. 그에 대한 반항으로 더 강한 어휘를 사용하고 더 거친 말투로 보이지 않는 폭력을 자행했다. 생각 없이 말을 내뱉었고 부모님의 약점을 골라 공격했다. 그 때문에 부모님은 더 큰 상처를 받았다. 나 역시 관계 회복 불가라는 치명적 상처를 입었다. 그 시기를 돌이켜보고 잘못을 사과했지만, 부모님에게 남긴 말의 상처는 기억과 감정에 자리하고 있어 완전한 치유가 불가능했다.

비폭력 대화는 무엇이 다른가

로젠버그 박사가 팔레스타인에 초청 강연을 하러 갔을 때다. 그가 단상에 오르자마자 사람들이 미국인이라는 이유로 욕하며 팔레스타인에서 나가라고 외쳤다. 하지만 그는 당황하지 않고 비폭력 대화로 사람들과 소통을 시작했다. 그 결과 강연이 끝나자 서로 그를 집에 초대했다. 이처럼 비폭력 의사소통은 큰 에너지를 뿜어내 상대의 감정을 완화시키고 폭력 성향을 사랑으로 바꾼다. 물론 말을 할 때 감정이 앞서기 때문에 이를 실천하기는 쉽지 않다. 그러나 확실한 건 폭력을 폭력으로 다스리면 더 많은 화를 불러온다는 사실이다. 우리는 바로 이점에 경각심을 가져야 한다.

2019년 4월 27일 한 사건으로 나라가 떠들썩했다.

청년 실업자 조 씨가 산시성 제3중학교에서 하교하는 학생들을 칼로 찔러 9명이 사망하고 10명이 크게 다쳤다. 피해자는 전부 중학교 2, 3학년으로 일면식도 없던 사람에게 어이없이 죽고 다친 것이다. 경찰이 조 씨를 잡아 조사한 결과 보복범죄였다. 그는 과거 학교폭력에 시달린 피해자였다. 당시 저항하지 못하고 학교와 부모, 선생님에게 보호받지 못한 채 혼자서 복수심만 키워 오다 그 원한이 그를 괴물로 만들었던 것이다. 폭력이 폭력을 낳은 결과이다.

언어폭력도 마찬가지다. 말은 칼보다 힘이 세다. 눈에 보이지는 않지만 더 강한 위력을 동반한다. 사회에 갈등을 부추기고 혼란을 야기한다. 이런 언어폭력의 원인은 '도덕주의적 판단, 비교, 책임 회피, 강요'의 네 가지로 구분된다.

(1) 도덕주의적 판단

우리는 선입견과 편견을 조장하는 말로 자기 기준을 적용해 한 사람을 단정 짓고 꼬리표를 붙이기도 한다. 이는 말 한마디로 그 사람 전체를 매도하는 무서운 폭력이다. 코를 파거나 방귀를 자주 뀐다는 이유로 '더러운 사람'으로 만들고, 면접에서 떨어진 사람을 보고 '실패자', '낙오자'라는 말을 서슴없이 해댄다. 이건 분명한 언어폭력이다. 그를 잘 모르는 사람은 전하는 사람의 말만 믿고 그것을 기정사실로 받아들인다. 그로 인해 한 사람에 대한 편견과 선입견을 갖게 된다.

내가 쓴 장편소설 《인물 설정》은 꼬리표가 한 사람의 인생을 어떻게 망치는지 잘 보여준다. 잔인하게도 꼬리표는 한 사람의 삶을 울타리 안에 가둬버린다. 그리고 거기서 헤어나오지 못하도록 차가운 시선으로 빠져 나올 기회조차 주지 않는다.

인간은 매우 복잡한 존재이고 사람마다 여러 모습을 지니고 있다. 어떻게 단 하나의 꼬리표로 단정할 수 있는가? 더구나 당사자가 원하지 않은 일방적 매도라면 문제는 더욱 심각하다. 그가 입은 피해는 누가 보상해준단 말인가.

상대에 대해서는 있는 사실만 말하고 다른 말은 붙이지 말자. 자신의 얄팍한 생각으로 꼬리표를 붙여서는 안 된다. 누군가 자꾸 지저분한 행동을 한다면 그냥 솔직하게 표현하자. "당신의 행동이 사람들에게 거부감을 줄 수도 있을 거 같아요."라고 말하면 된다, 누군가 면접에서 떨어졌다는 소식을 들었을 땐 "떨어진 원인을 분석해보면 다음엔 분명 붙을 수 있을 거야."라고 말하면 그만이다.

관심으로 시작한 잔소리가 더 나아가 폭력으로 바뀌어서는 안 된다. 도덕주의적 판단은 사람 대 사람이 해서는 안 되는 일이다. 누군가를 알아가는 과정에서 평가하는 습관을 들여서는 안 된다. 인터넷 댓글처럼 기사 내용에 소개된 몇 가지 사실로 전체를 알았다고 착각해서도 안 된다. 그 사람 삶의 과정에 있는 단 하나의 사건에 불과하다. 그러므로 누군가와 대화할 때는 내가 이 사람을 평가하고 있는 건 아닌지 점검해보자.

당신은 자신을 '나는 어떤 사람이다.'라고 단정지어 말할 수 있는가. 한 마디에 본인을 모두 담을 수 있는가? 단언컨대 그것은 불가능하다. 왜냐하면 사람은 입체적이고 표면적 사실만으로는 드러낼 수 없는 생각과 사고의 깊이가 있다. 우리는 이렇게 자신에 대한 평가도 제대로 하지 못한다. 그런데도 한두 가지 사건으로 남을 단정지어 평가한다는 게 말이 되는가. 그것은 폭력이다.

(2) 비교

남과 비교하는 언어는 우리가 평소 하는 말에 아주 자연스럽게 담겨 있다. 누군가를 칭찬할 때 "나는 못 하는데 너는 진짜 대단해."라고 말한다. 누군가를 나무랄 때는 "어떻게 그런 실수를 했어? 나라면 안 그랬어."라고 말한다. 분명 의도하고 사용한 말은 아니다. 단지 비교의 말버릇이 어릴 적부터 사용하던 말 습관으로 자리 잡은 것이다. 그래서 칭찬하고 위로를 건네지만 상대는 이를 고맙게 받아들여지지 않는다. 비교 대상으로 자신이 평가받는다고 느끼기 때문이다.

비교하지 않는 대화를 하려면 상대와 자신을 대등한 관계에 놓아야 한다. 나이나 성별, 지위고하를 떠나 상대를 인격적으로 동등하게 바라봐야 한다. 대등하지 않은 관계의 대화는 위아래가 나뉘고 서로 비교하게 된다.

동창회에서 동창들과 대화할 때 왜 그렇게 힘이 들까? 소통이 아닌 비교가 동반되기 때문이다. 사회에서 잘 나가는 친구가 떠들어대면 자신도 모르게 내면에서 자기 처지와 비교한다. 친구보다 어느 부분에서 자신이 나아보이면 이를 과시하려 든다. 지기를 싫어하는 인간의 근본적인 속성이다. 하지만 이제부터라도 대화에서 누군가 당신과 비교하는 태도를 보인다면 그를 무시하자. 화제를 다른 곳으로 돌리면 좋다. 만약 자신이 비교하는 대화를 자주 한다면 반성해야 한다. 자신은 물론 상대의 불쾌감을 부르는 일이다. 비교하려면 자신의 어제와 오늘을 비교하자.

(3) 책임 회피

책임 회피는 집안일에서 자주 일어난다. 로젠버그 박사가 '책임 회피에 따른 위험'을 토론할 때, 한 여성이 분노하며 말했다.

"하지만 좋든 싫든 어쩔 수 없이 해야 하는 일들도 있어요! 아이들에게도 어쩔 수 없이 해야만 하는 일이 있다고 알려주는 게 맞다고 생각해요!"

박사는 침착하게 대꾸했다.

"그 어쩔 수 없이 하는 일은 무엇이지요?"

그녀는 퉁명스럽게 대답했다.

"너무 쉽죠. 오늘 밤 집에 가서 나는 또 어쩔 수 없이 밥을 해야 해요. 진짜 진절머리가 납니다! 20년 동안 하루도 빠짐없이 집에 가서 저녁을 차려야 했어요, 피곤해 죽을 것 같은 날도 말이에요."

박사는 먼저 그녀가 오랫동안 하기 싫은 일을 한 것에 안타까움을 표했다. 그녀의 마음에 공감해주고 '비폭력 대화'가 그녀에게 도움이 되길 바랐다.

3주 뒤, 그녀는 두 아들과 함께 토론에 참여했다. 박사는 엄마의 상황과 심리를 설명했다. 이를 들은 그녀의 큰아들이 외쳤다.

"할렐루야! 저도 더이상 식탁 앞에서 엄마의 푸념을 듣고 싶지 않아요."

아이의 태도는 뜻밖이었다.

"하기 싫으면 안 하면 되잖아요. 밥하는 것보다 불평을 듣는 것이 더 힘들다고요."

로젠버그 박사는 이들 엄마와 아들에게 주체적 행동을 설명했다. 《성공하는 사람들의 7가지 습관》에는 '주체적 행동'이 성공의 가장 중요한 습관이라고 나와 있다. 주체적이란 자신의 말과 행동을 자기 주도로 하는 것을 말한다. '어쩔 수 없어서' 행해지는 일들을 주체적으로 바꿔 '내가 ~ 하고 싶어서 ~ 하기로 했다.'라고 생각하고 행동하자.

'나는 직장을 계속 다니고 싶어서 실적을 올리기로 했다.'
'나는 꿈을 위해 시험을 보기로 했다.'
'나는 내 아이들이 잘 먹고 자랐으면 해서 밥을 차린다.'

이렇게 생각하면 폭력성 대화에서 멀어진다.

(4) 강요

단언컨대 대화할 때 강요는 폭력이다. 우리는 종종 남들에게 이래라저래라 말한다. 특히 부모와 자식, 선생과 제자, 상사와 부하, 연장자와 어린 사람 등 위아래가 분명하게 드러나는 상황에서 비일비재하게 나타난다. 강요가 폭력이라는 개념도 없다. 강요하는 사람의 입장에서는 특히 그렇다. 그들은 자신의 말이 권유이자 관심이라고 항변한다. 그러나 그 말을 듣는 사람은 그들의 말을 거부하기 어렵기에 강압이라고 느낀다.

부모는 자식을 사회에서 인정받는 사람으로 키워내고 싶은 욕구가 있다. 그래서 아이에게 "공부해라, 게임 그만해라, 좋은 친구 사귀어라, 성적을 올려라." 등과 같은 말을 하루에도 수십 번씩 반복한다. 자식을 위해서라고 하지만 아이가 원치 않는 일의 강요는 소통을 폭력으로 만든다.

로젠버그 박사는 눈짓 하나, 손짓 하나, 무심결에 짓는 표정 하나까지도 폭력의 주범이 될 수 있다고 했다. 단순히 기술만 익혀서 하는 말은 '말'의 의미, '말'의 가치, '말'의 힘을 지니지 못한다는 것이다. 내면에서 말을 거르지 않고 있는 그대로 거침없이 표현되기 때문이다.

세상에 대한 악의가 충만한 사람은 모든 것이 불만스럽다. 이런 심리를 가지고 하는 말에는 언제나 폭력성이 담긴다. 세상에 대한 분노, 타인에게 책임 전가, 기분을 건드리는 표현 등 상처를 주고 갈등을 부추기는 말을 쏟아낸다. 당신이 이런 폭력에 위협을 받고 있다면 적절히 대응해야 한다. 상대가 언어폭력을 인식하지 못할 땐 참을 필요 없다.

평화적 대화의 지름길은
평가가 아니고 관찰이다

대화는 표현 방식이 중요하다. 매번 폭력적인 언어를 구사하는 사람은 말하는 방식이 아니라 자신과 세상을 바라보는 시선에 문제가 있다. 같은 환경에서도 불만과 불평의 요소를 먼저 발견한다. 자신을 완벽한 사람이라고 생각한 나머지 본인의 작은 실수에 자책하며 자신을 괴롭히는 것처럼 타인의 실수나 잘못을 용납하지 않는다. 지적하고 자신에게 맞는 행동을 강요한다. 모든 사람을 자신에게 맞추려고 하는 것이다. 반면 대화에서 타협하지 않는 자세는 자신만 고립시킨다. 대화와 소통에는 관용의 자세가 필요하다.

살면서 실수 한번 안 하는 사람이 있을까? 누구든 실수할 수 있고 판단 착오로 잘못을 저지른다. 하지만 그런 실수를 용납 못 하고 욕하고 질타하는 것은 너무 가혹한 폭력이다. 타인뿐 아니라 자신을 대할 때도 마찬가지다. 자기 일에 지나치게 완벽함을 추구하는 사람은 친구나 부하직원도 그렇게 대하기 쉽다. 자신에게 엄격한 기준을 가진 사람의 끝은 '자신이 미쳐버리거나, 상대를 미쳐버리게 하거나' 둘 중 하나다. 이런 심각한 파국으로 자신을 몰아가기 이전에 불완전함을 받아들이는 자세를 배워야 한다.

"인간의 본성은 선한가 아니면 악한가?"

이 질문에 자신을 대입해보자. 당신은 착한가 아니면 악한가? 누구나 이 이분법적 선택 앞에서 망설여진다. 상황에 따라 다르다고 대답해야 옳다. 무조건 착한 사람도 없고 무조건 악한 사람도 없다. 인간의 행동은 선과 악을 지니고 있지만 본인이 무엇을 믿고 선택하느냐에 따라 행동이 갈린다.

로젠버그 박사는 모든 폭력은 성악性惡에서 나온다고 말했다. 인간의 본성이 악하다고 믿는 사람은 자연스레 폭력적인 방식으로 모든 것을 해결하려 든다. 이미 확고해져버린 이 신념 때문에 폭력성에서 헤어나올 수 없다. 반대로 인간의 본성은 선하다고 생각하는 사람은 온유하게 모든 것을 바라보고 어느 상황에서든 비폭력을 추구한다.

말은 자신을 비추는 거울이다. 거울 앞에서 웃음을 지어야 비로소 자신의 웃음을 볼 수 있는 것처럼 자기 입에서 나오는 말을 들어야 자신을 알 수 있다.

캐나다 작가협회 프로그램에 참여했을 때 만난 한 형제가 오래도록 기억에 남는다. 그들은 노트북 바탕화면에 비폭력 대화의 네 가지 요소를 적어놓고 항상 자신을 돌아본다고 했다. 이 요소들은 간단하지만 생활에 바로 적용되기는 쉽지 않다. 반드시 많은 시간을 훈련해야 한다. 이제 폭력적인 대화를 피하는 네 가지 요소를 알아보자.

1. 관찰

비폭력 대화의 첫 번째 요소는 '관찰'이다. 일정 시간 상대의 상태를 관찰하고 객관적 사실을 명확하게 묘사해야 한다. 예를 들어 "저 축구선수는 지난 3경기에서 한 골도 넣지 못했어."라고 말해야지 "저 선수는 형편없어."라고 하면 안 된다. 이렇게 객관화한 '비폭력 대화' 몇 가지 예문을 보자.

(1) "오빠가 어제 아무 이유 없이 나에게 성질냈다." → **평가**_아무 이

유 없이 성질냈다는 것은 듣는 이의 평가이다. 그냥 슬프거나 힘들어 말투가 곱지 않았을 수 있다.

(2) "어젯밤 동생은 TV를 보며 손톱을 물어뜯었다." → **관찰**

(3) "회의할 때 사장님은 나의 의견을 묻지 않았다." → **관찰**

(4) "우리 아버지는 좋은 분이야." → **평가**_누구나 알다시피 '좋은 분'은 평가다. 좋은 분이라고 말할 수 있는 근거를 들어 말해야 한다. "아버지는 지난 25년 동안 월급의 10분의 1을 기부하셨다."라고 말해야 옳다.

(5) "마이크의 근로시간은 너무 길다." → **평가**_"이번 주에 마이크는 60시간 이상 일했다."라고 말해야 한다.

(6) "헨리는 너무 난폭해." → **평가**_"난폭해."라고 평가하기보다 "동생이 TV 채널을 돌리자 헨리는 동생을 때렸다."라고 사실만 말해야 한다.

(7) "피터는 이번 주 내내 맨 앞자리에 앉았다." → **관찰**

(8) "내 아들은 양치를 잘 안 한다." → **평가**_어느 문장에 사용되든 '잘'은 평가다. "내 아들은 이번 주에 두 번이나 양치를 안 하고 잠을 잤다."라고 사실만 말해야 한다.

실생활에서 대화할 때 이를 적용해본다. 쉽게 되지 않는다면 은연중에 자신이 얼마나 평가하는 단어들을 사용하는지 알게 될 것이다. 가족끼리 말다툼이 벌어질 때 원인을 분석해보면 평가하는 단어가 그 시작인 경우가 많다. 관찰과 평가를 분리해야 가정이 화목해진다.

2. 느낌

느낌은 자기의 감정이고, 생각은 자신의 평가다. 느낌과 생각을 구별해 말할 줄 알아야 한다.

(1) 자기 생각을 나타내는 표현

"나는 기타연주를 잘 못한다."

이 문장은 연주 실력을 평가한 것이지 느낌을 나타낸 문장이 아니다.

(2) 느낌을 나타내는 표현

"기타 연주자로서 내게 실망했다."

"기타 연주자로서 나는 답답하다."

"기타 연주가 지겹다."

기쁨, 실망, 좌절, 슬픔 등 감정을 표현하는 단어를 사용해 자신의 기분을 명확하게 표현해보자. 남편이 종종 집에 늦게

온다면 잔소리만 하지 말고 자신의 느낌을 표현해보자.

"당신이 이렇게 늦게 들어오면 나는 너무 외롭고 불안해요."
라고 말하면 남편은 당신의 감정을 전달받아 무엇이 문제인지 바로 알 것이다.

3. 욕구

욕구란 자기 욕망을 구체적으로 해결하려는 심리이다. 그러므로 상대방에게 무언가를 요구할 때, 자신이 원하는 바를 정확하게 전달해야 한다. 돌려서 말하면 상대는 그 말의 정확한 의도를 알지 못한다. 한번은 가족은 등한시하고 일에만 빠져 사는 남편 때문에 속상해하던 한 여성이 "남편에게 너무 일에만 몰두하지 말라고 했더니, 갑자기 골프대회에 나간다고 하더라고요."라고 내게 말했다.

왜 그렇게 됐을까? 자기가 바라는 것이 무엇인지 정확하게 남편에게 말하지 않았기 때문이다. 차라리 "당신이 적어도 일주일에 하루는 가족과 함께 시간을 보내줬으면 해요."라고 말했다면 상황은 달라졌을 것이다.

4. 부탁

상대에게 무언가를 부탁할 때는 그가 잘 이해했는지 확인이 필요하다. "제 뜻이 잘 전달되었나요?"라고 묻자. 자신의 의도가 정확하게 전달되었는지 점검해야 한다. 그래야만 부탁이 이루어지든 안 이루어지든 잘못된 방향으로 흐르지 않는다. 이 과정이 없다면 그 사람은 기껏 부탁을 들어주었는데도 당신의 의도와 달라 실망한다. 부탁을 들어준 상대방 또한 애쓴 결과를 인정받지 못했다고 불쾌함을 드러낸다. 서로를 위해 부탁하는 단계에서 그 내용을 정확하게 확인하는 게 옳다.

만약 당신이 친구에게 "이번에 일주일 해외 출장을 가는데 그동안 반려견과 집 좀 봐줄 수 있어?"라고 어렵게 부탁하는 경우를 생각해보자. 친구가 고민하다 "그래, 알겠어."라고 답해준다면 당신은 안심하고 문제가 해결되었다고 믿는다. 하지만 반려견 돌봄과 집 봐주는 방법에서 당신 생각과 친구 생각에 차이가 날 수 있으므로 당신이 부탁한 내용을 구체적으로 확인해야 한다.

"어떤 방법으로 할 거야?"

"네 강아지를 우리 집으로 데려오면 되지 않을까?"

친구가 자기 방법을 이야기해준다면 꼭 고마움을 표현하자. 그 뒤 당신의 의견을 덧붙여 말하면 좋다.

"고마워. 그 방법도 좋은데 너도 알다시피 내가 물고기도 기르잖아. 그래서 말인데 하루에 한 번씩 우리집에 들러서 돌봐

주면 안 될까?"

만일 친구가 어렵다고 하면 다른 방법을 생각하면 된다. 그의 상황과 요구를 들어봐야 한다. 그래야만 상대가 당신 의도대로 정확하게 도와줄 수 있다.

자, 이제 실생활에 적용해보자. 회사 동료가 회의실에 기밀문서를 두고 간 걸 보고 어떻게 말하면 좋을까. 화가 나겠지만, "정신이 있는 거야 없는 거야? 지금 뭐 하자는 거야?"라고 말해서는 안 된다. 갈등만 불러올 뿐이다. **올바른 비폭력 대화라면 "당신이 문서를 회의실에 두고 간 것을 내가 봤다**(관찰)**. 걱정됐다**(느낌)**. 잘 보관해주길**(욕구) **바란다**(부탁)**."라고 말해야 한다.**

절대 분노를 표출하지 말라는 뜻이 아니다. 오히려 분노해야 할 때도 있다. 특히 당신에게 피해를 주려고 작정하고 접근한 사람이라면 확실하게 분노해야 한다. 그러나 대화 방법의 무지로 인해 사랑하는 사람에게 상처를 주는 일은 없어야 한다.

말에 담긴
상대의 마음을 읽어라

존 그레이의 《화성에서 온 남자 금성에서 온 여자》는 남녀의 차이를 분석해놓았다. 행동이나 심리에서 드러나는 남녀 간 차이가 흥미롭게 읽힌다. 그러나 그보다 한층 더 깊은 이야기를 하고 싶다.

부부 사이의 갈등은 대부분 돈과 연관돼 있다. "가난한 부부는 근심 걱정이 가득하다."라는 속담을 보면 고대부터 돈이 부부 갈등의 원인이었음을 알 수 있다. 그래서 돈을 많이 벌고 풍족해지면 부부 갈등이 절반으로 줄어들고 대화도 즐거워진다. 반면, 경제문제를 떠난 갈등은 부부 둘 사이의 난제가 된다. 그 관계를 개선하는 몇 가지 기술을 알아보자.

존 가트맨은 워싱턴대학 심리학과 교수이자 가트맨연구소 소장이다. 가트맨은 40년 동안 700쌍의 부부를 연구하며 부부 문제 전문가가 되었다. 그는 부부가 5분 동안 나누는 대화만 들어도 그들이 이혼할 것인지 서로 아끼는 마음으로 사는지 맞출 수 있다고 한다. 적중률은 무려 91%. 이 수치를 확인할 방법은 없지만 부부의 대화에서 갈등의 정도가 드러난다는 점을 확인할 수 있다. 예를 들어 모임에서 남편이 뭔가를 말하고 있을 때, 아내가 심드렁하게 "그게 진짜야?"라고 말하는 부부가 있다고 가정해보자. 이 반응만으로도 두 사람의 관계가 최악인 걸 알 수 있다. 남들 앞에서 아무렇지도 않게 남편을 무시하고 있기 때문이다.

부부의 대화에서 무시하는 태도는 금기 사항이다. 때론 무시하는 태도가 불륜보다 더 큰 상처를 준다. 돌이킬 수 없는 파열은 서로를 무시하는 태도 또는 일방적으로 무시하는 태도에서 촉발된다. 따라서 부부는 비폭력 대화뿐 아니라 서로를 존중하는 법도 배워야 한다. 현대사회는 부부관계에서 '서로를 깍듯이 공경'할 필요는 없지만, 서로 존중해줘야 함을 잊어서는 안 된다. 존중은 여러 곳에서 이루어진다. 한쪽이 밥을 했으면 한쪽은 최소한 고맙다고 표현하자. 잘 먹겠다는 말 한마디 없이 "맛이 왜 이리 짜."라고 지적한다면 상대를 무시하는 언행이다. 배우자가 당신을 위해 밥을 해야 할 의무는 없지 않은가. 그런데도 당신을 위해 밥을 했다면 고마움을 전하는 것이 당연한 이치다.

부부 사이에 자녀와 양가 부모님까지 더해지면 관계는 훨씬 복잡해진다. 주말에 시부모님이 온다는 소식을 듣고 아내는 식당을 예약했다. 그런데 시어머니가 아들이 좋아하는 갈비를 만들어왔으니 무조건 집에서 밥을 먹어야겠다고 한다. 선택은 남편의 몫이다. 이때 남편은 누구의 손을 들어줘야 할까? 그는 아내가 시어머니의 방문을 불편해하면서도 열심히 식당을 알아본 사실을 알고 있고, 어머니가 아들을 위해 정성스레 갈비를 준비해온 것도 안다. 그러니 집에서 먹는다고 하면 아내가 실망할 것이고, 밖에서 먹는다고 하면 어머니가 실망할 것은 불 보듯 뻔하다. 이럴 때 당신이라면 어떻게 할 것인가?

이 문제는 "엄마와 아내가 물에 빠졌다면 누구부터 구할 것인가?"라는 질문만큼 답하기 어렵다. 집집마다 상황과 분위기가 다르니 여기서 딱 하나의 결론을 내려줄 수는 없다. 하지만 명심하자. 당신이 독립된 가정을 이루고 있다면 1순위는 배우자여야 한다. 자식과 부모님 그 어떤 일과 사람도 배우자보다 우선시되어서는 안 된다. 이것이 부부생활의 가장 중요한 핵심이다.

이를 안 남편은 결정을 내렸다. 자신을 위해 맛있는 음식을 해온 어머니에게 먼저 감사를 표하고 갈비를 냉장고에 넣었다. 그 뒤 아내가 예약한 식당에서 식사하자고 부탁드렸다. 어머니는 서운한 기색을 보였지만 아내는 남편의 마음에 감동했다. 이후 갈비를 먹고 그 맛에 감탄했다는 전화를 어머니께 드렸다. 어머니는 아들이 맛있게 먹었다는 말에 또 한 번 기쁨을 누렸다.

이런 복잡한 상황이 결혼생활 중에는 부지기수로 존재한다. 예상하지 못한 상황에서 결정해야 하는 일이기에 당황스럽다. 그런데도 우리는 사랑하는 마음 하나로 덜컥 결혼한다. 새로 산 물건의 설명서는 읽어보면서, 결혼을 위한 공부는 왜 안 할까? 주위를 둘러보면 연애와 부부생활의 차이를 극복하지 못해 결혼에 실패하는 일이 비일비재하다. 여기서 실패한 결혼은 이혼이 아니다. 때론 이혼이 성공적일 수도 있다. 내가 말하는 실패는 충분히 대화할 수 있음에도 불구하고 포기하는 것을 말한다. 이혼율이 점점 높아지는 원인은 소통의 단절로 이해 불가를 선언하기 때문이다. 행복한 결혼생활 유지를 위해 공부는 필수이다. 부부생활이란 함께하는 공간과 시간을 하나하나 알아가며 차이를 극복하고 즐거움을 더해 나가야 한다. 서로에 대한 이해가 깊어질수록 대화가 풍성해지고 갈등이 줄어든다.

1. 칭찬 시스템을 활성화하자

2019년 나는 '칭찬 모임'에 가입했다. 낯선 사람들과 온라인에서 무슨 말을 하든, 칭찬할 거리가 없는 상황에서도 무조건 서로 칭찬을 해주는 모임이었다. 누군가 책 읽기에 집중할 수가 없다고 말하면 "괜찮아요. 선생님이 그만큼 책보다 타인과 세상사에 많은 관심을 두고 있다는 증거입니다. 주위를 돌아볼 줄 아는 따듯한 마음이 책 읽기를 방해 하나 봅니다."라고 말해주는 식이다.

아주 짧은 기간 그 모임에 속해 있었는데도 칭찬의 효과를 몸소 느꼈다. 스트레스가 날아가고 생활에 활력이 생겼다. 타인과도 이럴진대 당신과 함께 하는 배우자가 매일 칭찬해준다면 삶의 질이 얼마나 올라가겠는가?

일 중독인 남편이 있었다. 집안일에는 전혀 관심이 없고 늦게 집에 들어와 잠만 자고 나갔다. 오랜 시간이 흘러 아내의 인내심은 극에 달해 남편과 마주할 때마다 싸웠다. 그럴수록 남편은 더 집에 들어오기 싫어했고 일에서 즐거움을 찾으려 했다. 그렇게 시간은 더 흘러 둘은 같이 사는 게 의미 없다고 생각해 이혼 상담을 받았다.

상담사는 부부에게 연애 시절을 들려달라고 했다. 남편은 아내와 그녀의 가족에게 사랑받기 위해 노력했던 연애 초기를 회상했다. 아내는 처음 듣는 이야기였다. 그가 자기의 마음을 얻기 위해 그렇게 노력했다는 것에 감동했다. 그녀 또한 그 시절 남편이 얼마나 자기를 이해하고 배려해주었는지 말하며 칭찬했다. 이 말을 들은 남편은 자신이 지금은 그렇지 않냐고 물었고 두 사람은 소통하기 시작했다. 이 대화가 무너져내린 그들의 감정을 다시 살려냈다. 부부의 관계는 이전보다 더 좋아졌다.

물론 파경으로 치닫던 부부 사이가 다시 좋아진 이유가 칭찬 때문만은 아니다. 그들이 결혼한 동기나 옛사랑의 감정을 불러온 까닭이 작용했다. 대부분 연애 초기는 굉장히 달콤하고 사랑으로 가득 차 있다. 하지만 안타깝게도 그 사랑은 식는다. 그러나 이 사랑은 언제든 다시 타오를 수 있다. 칭찬은 식어버리는 사랑에 불을 다시 지필 수 있는 불쏘시개가 된다.

상담 이후 남편은 일하는 시간을 조정했고 가족과 많은 시간을 보내며 행복하게 살고 있다.

존 가트맨은 부부간 칭찬 시스템이 잘 작동하는지 알고 싶다면 과거를 어떻게 보는지 상기해보라고 한다. 행복했던 과거를 회상하는 대화는 오랫동안 묻혀 있던 뜨거운 감정을 끌어올리고 잠든 사랑을 깨운다. 여기에 칭찬으로 사랑의 화력을 높이자. 부부관계가 지속될수록 서로의 단점을 알게 되고 자꾸 지적하게 된다. 관계가 원만하지 않은 부부일수록 서로의 단점에 집중한다. 결국 더 이상 참아줄 수 없는 상태에 이르면 이혼에 이르게 되는 것이다. 그러나 헤어지고 나서야 상대방의 좋았던 점을 떠올린다. 하지만 그때는 이미 배가 떠난 뒤다. 아이러니하게도 우리는 가까운 사이일수록 칭찬을 하지 않는 경향이 있다. 이제부터는 가깝고 친할수록 더더욱 칭찬하고 인정해주자. 아주 단순한 이 일이 자신은 물론 상대까지 행복하게 만든다. 더불어 자신감도 얻는다.

미국의 결혼생활 설계사 게리 채프먼은 《5가지 사랑의 언어》에서 부부간의 사랑의 언어를 유지하라고 강조한다. 이것이 건강한 결혼생활을 영위하는 비결로 꼽는다. 사랑의 언어는 말에 국한되지 않고 행동이나 표정으로도 전달할 수 있다. 그렇다면 사랑의 언어를 어떻게 찾을 수 있을까? 여기에는 세 가지 방법이 있다.

우선, 배우자의 어떤 행동에 자신이 상처를 받는지 생각해보라. 그것과 반대되는 말과 행동이 사랑의 언어다. 다음으로 배우자에게 자주 부탁하는 것은 무엇인가. 당신은 그것에서 사랑을 느끼고 싶어 한다. 그 부분이 만족되어야 사랑이라는 감정이 유지된다. 마지막으로 어떤 방식으로 배우자에게 사랑을 표현하는지 생각해보자. 사랑을 표현하는 그 방식이 바로 당신의 사랑의 언어다.

2. "당신 말이 맞아요."라고 맞장구를 치자

이 짧은 한 마디에는 어마어마한 위력이 내재되어 있다. 상대의 의견에 동의하고 권력을 나눠 가지며 서로에게 긍정의 영향을 준다. 실험에 따르면 아내의 영향을 받지 않는 남자보다 아내의 영향을 받는 남자가 더 행복한 결혼생활을 하며 이혼율도 낮았다. 남편은 아내의 말을 경청하고 함께 결정하고 존중하는 법을 배워야 한다. 아내는 좋은 말로 설득하고 감정을 통제하며, 남편의 기를 살려주는 것부터 시작해야 한다. **부부 싸움이 시작되면 '내가 내 감정과 싸우는 것은 아닐까?'라고 자신에게 물어보자. '나'보다 '우리'를 위에 놓으면 대화는 수월해지고 싸움이 줄어든다.**

평등한 대화는 평소 나누는 잡담에서도 이루어진다. 오늘 있었던 일을 저녁에 가족들과 편하게 수다를 떨다 보면 스트레스가 조금씩 사라지고 감정도 자연스레 튼튼해진다. 건강한 결혼생활의 기본은 편안한 환경이다. 일상의 소재나 시사, 취미나 관심 등 공통된 화제를 가지고 이야기하되 결혼생활을 평가하지는 말자. 결혼생활을 이야기하면 스트레스가 줄기는커녕 긴장감에 휩싸일 수 있다. 다음의 방법을 참고하여 부부간 대화를 실천해보자.

(1) 번갈아가며 이야기하기

두 사람 다 하고 싶은 말이 있다. 서로 앞다투어 이야기하려 들지 말자. 시간은 충분하다. 서로 한 마디씩 번갈아가며 이야기하고, 상대가 말할 때는 경청하자.

(2) 마음대로 해결 방법을 제시하지 않기

상대의 고민을 덜어주고 싶다고 해결 방법을 제시해서는 안 된다. 그저 경청해주면 스스로 해결 방법을 찾는다. 누군가에게 털어놓는 것만으로도 고민이 사라지는 경우가 많다.

(3) 집중해서 듣기

대화에 집중하고 귀담아들어야 한다. 상대의 말을 끊는 것은 절대 금물이다.

(4) 공감 표현하기

"당신이 왜 그런 느낌을 받았는지 알 것 같아요."와 같은 말로 공감한다는 사실을 상대에게 알려주자. 상대는 든든한 지원군을 얻은 느낌을 받는다.

(5) 상대방의 입장에서 생각하기

상대방의 관점이 올바르지 않아도 바로 반박하지 말자. 일단 그를 지지해야 한다.

(6) 상대와 같은 태도 보이기

혼자서 모든 어려움을 맞서야 한다면 외로움을 느끼고 스스로 방어막을 작동시킨다. 그래서 마음의 문을 닫고 대화를 거부한다. 그럴수록 상대에게 당신은 혼자가 아니며 우리는 함께 이 문제를 맞서고 있다고 알려줘야 한다.

평범한 어느 부부의 대화를 예로 보자.

아내 : 오늘 회의는 진짜 끔찍했어. 팀장이 자꾸 내 능력을 의심한다니까, 진짜 짜증 나!

남편 : 에이, 당신이 너무 예민하게 구는 거 아니야? 지난번에 내가 그 사람 만나보니까 꽤 합리적인 사람인 것 같던데.

아내 : 그 사람, 나한테만 그런다니까?

남편 : 당신만 그렇게 생각해, 그 습관 좀 고쳐.

아내 : 됐다, 내가 당신이랑 뭔 이야기를 하겠어.

남편은 아내의 상황을 마음대로 단정했다. 당사자인 아내를 무시하고 자기만의 해결 방법을 제시하는 것도 문제다. 아내가 원하는 것은 그것이 아니다. 그녀는 그저 자기편이라고 믿는 남편이 자기 말을 들어주고 공감해주길 바랄 뿐이다. 그런데도 굳이 조언하겠다면 다음과 같이 해보라.

아내 : 오늘 회의는 진짜 끔찍했어. 팀장이 자꾸 내 능력을 의심한다니까, 진짜 짜증 나!

남편 : 요즘 팀장 이야기를 자주 하네? 맞아. 그 사람과 의견이 안 맞나 봐.

아내 : 그 사람, 나한테만 그래.

남편 : 진짜 왜 그러는 거래? 내가 가서 만나볼까?

아내 : 아냐, 내가 무시하면 돼.

위 대화에서 아내의 감정이 수그러드는 모습을 볼 수 있다. 남편이 아내를 얼마나 생각하는지 태도를 보여줬기 때문이다. 아내는 다른 사람이 이 상황을 해결해줄 수 없다는 사실을 잘 알고 있다. 단지 하소연할 곳이 필요했고 남편이 자기편에서 한 마디 거들어주기를 원했던 것이다. 사랑하는 사람이 자기 마음에 공감해주면 위안이 된다. 따라서 해결 방법을 제시하기보다 상대의 말에 먼저 공감해주자. 부부간 대화가 더 평화로워진다.

3. 부부 갈등은 피해갈 수 없다

레프 톨스토이는 "기혼자가 상대방으로부터 즐거움을 얻는 것은 결혼의 시작일 뿐, 결코 전부는 아니다. 결혼의 모든 의미는 가정생활에 있다."라고 말했다. 결혼생활에는 시시때때로 갈등이 존재한다. 그렇지만 서로 갈등을 원하지는 않는다. 그러므로 현명하게 이 갈등을 풀어야 한다.

(1) 다른 성향 받아들이기

수십 년을 함께 산 형제자매나 쌍둥이조차도 다른 성향을 가진다. 하물며 자라온 환경이 다르고 사고와 가치를 지니고 살던 남녀가 이룬 가정에서 불협화음이 나는 건 어쩌면 당연하다. 이 불협화음이 아름다운 조화를 이루기 위해서는 시간도 필요하지만 상대를 이해하는 마음이 가장 먼저 선행되어야 한다.

각자 좋아하는 것이 다르고 싫어하는 점이 다르기 때문이다. 스포츠를 보며 열광하는 아내는 경기를 보면서도 무덤덤하게 시청만 하는 남편이 이해되지 않는다. 조금만 아파도 걱정을 산더미처럼 하는 사람이 있는가 하면 심하게 아픈 경우가 아니라면 병원 근처에도 안 가는 사람이 있다. 더러운 꼴을 절대 못 넘어가는 사람과 깔끔한 사람은 부딪히게 마련이다. 어디 그뿐인가. 냄새에 민감한 사람이 있고 둔감한 사람이 있다. 이와 같은 예시는 모두 집안에서 갈등을 일으킬 수 있는 요소이다. 이때 상대를 이해하지 못하고 "절대 용서할 수 없어.", "당신은 이해가 안 되는 사람이야.", "이 상황이 말이 돼?"라는 식의 발언은 삼가자. 단지 그 사람의 성향과 취향이 당신과 다를 뿐이다.

상대의 성향을 견딜 수 없다면 솔직하게 말하자. 상대도 당신 성향에 불만이 있을 수 있다. 서로 합의점을 찾아 개선해나가야 한다. 쌓아놓고 감정만 키운다면 사소한 문제에서 갈등이 더 크게 터진다.

(2) 부드러운 태도로 말하기

문제를 제기하는 것 자체가 사람을 언짢게 만든다. 그러나 배우자의 문제 제기를 들었을 때 즉각 반응을 보이지 말자. 그래야 감정이 격해지지 않는다. 시간이 지난 후 부드러운 태도로 이야기하면 서로에게 유익이 된다. 문제를 제기하는 타이밍 또한 중요하다. 상대의 기분이 좋지 않을 때 단점을 지목하거나 변화하길 바라는 것은 금물이다.

생활하면서 불평이 없을 수 없다. 하지만 그 원인에 대한 책망은 빨리 잊어버리기를 바란다. '나'에게도 단점이 있고 상대가 불만스러워하는 점이 분명히 있다. 이를 알면 상대방에 대한 불평의 말을 쉽게 꺼낼 수 없다. 가능하다면 불평을 줄이는 게 좋다.

말을 할 때 '너'보다는 '나'로 시작해본다. "나 혼자 집안일을 다 하려니 너무 힘들다."라고 말하는 것이 "너 진짜 게으르다. 어떻게 청소 한 번을 안 도와줘?"라고 말하는 것보다 백 배 낫다. 그리고 사실만을 말한다. 상대를 평가하거나 판단해서는 안 된다. 앞에서 이야기했던 비폭력 대화를 잊지 말자. "당신은 나에게 관심이 없어."라고 판단하기보다는 "나는 관심받지 못하는 것 같아."라고 자기 느낌을 말하자.

(3) 타협하기

타협이 필요 없는 관계는 없다. 나는 양식이 먹고 싶은데 상대는 한식을 먹고 싶어 한다, 나는 영화를 보고 싶은데 상대는 드라마를 보자고 한다, 나는 아침 8시에 일어나 책을 보고 싶은데 상대는 10시까지 자고 싶어 한다면 어떻게 해야 할까. 일상에서 불가피하게 직면하는 이런 문제를 해결하는 유일한 방법은 타협밖에 없다. 누군가와 함께 살아가는 데 있어서 타협은 당연한 일이다.

점심에는 양식을 먹고 저녁에는 한식을 먹는다. 같이 드라마부터 보고 다음에 영화를 보면 된다. 8시에 먼저 일어나서 책을 보며 아침 식사를 준비해주면 더 좋아한다. 타협은 생활의 지혜이다.

타협을 위해서는 자기 의견만 주장해서는 안 된다. 아무 생각 없이 혹은 대책 없이 상대의 의견에 무조건 동의해서도 안 된다. 자신이 그 상황이라고 생각하고 상대의 관점에서 합리적인 부분을 찾자. 역지사지는 소통의 기본이다.

(4) 악화시키지 않기

부부관계에서 갈등과 싸움은 당연하지만, 정도와 한계가 있어야 한다. 폭력은 어떤 경우에도 정당화될 수 없다. 특히 언어폭력 상대에게 치유 불가능한 상처를 입힌다. 갈등의 와중에도 '부부'라는 관계를 잊지 말자. 언제 서로에게 손을 내밀지 정해놓아도 좋다. 어느 부부는 싸우고 난 뒤, 먼저 샤워하는 사람이 나중에 샤워하는 사람을 위해 치약을 짜줘야 한다는 규칙을 정했다고 한다. 치약까지 짜주는데 화가 안 풀릴 리 없다. 싸움을 피할 수 없다면 적절할 때 흐름을 끊어야 한다.

"당신 말이 이해가 잘 안 돼. 다시 한번 말해줄 수 있어?"
"나한테 굉장히 중요한 문젠데 한번 들어봐 줄래?"
"잠깐만 기다려 줄 수 있어? 생각을 좀 정리해볼게."
"당신 말이 맞는 것 같아, 내가 생각을 좀 해볼게."

지혜로운 사람은 상황이 악화되도록 놔두지 않는다. 이제 부부 갈등의 해결 방법이 보이는가?

그런데 결혼 초에는 갈등의 요인이 또 하나 있다. 출산 후 아내의 성격이 변하기도 하기 때문이다. 갓 태어난 아이를 돌봐야 한다는 심적 부담과 이전과 전혀 다른 생활에서 오는 긴장과 압박으로 예민해진다. 그뿐인가. 육아 기간에는 외부와 단절된다는 생각으로 자존감까지 떨어진다. 이때 남편이 잘 받아주거나 이해해주고 다독여준다면 순조롭게 넘어간다. 하지만 남편도 사회생활에 지친 채 집에 오는 것이라 무한정 아내를 배려하지 못한다. 그러면 결혼생활의 질은 점점 떨어지고 자연스레 결혼생활의 행복도 없어진다. 무엇보다 출산한 아내의 심리를 이해해주는 남편의 자세가 필요하다. 아이를 낳고 돌보는 일에 있어 남편은 지나치다 싶을 정도로 아내를 배려하자. 아기의 탄생이라는 위대한 축복이 부부 갈등의 씨앗이 되면 안 된다.

이성의 마음을 여는 말하기 방법이 있다

이성간 마음을 얻는 데에는 두 가지 조건이 필요하다. 호감 가는 외모이거나 말을 잘하면 상대가 호감을 느낄 수 있다. 이성의 관계를 너무 단순화한 것 같지만 이는 부인할 수 없는 사실이다. 혹 오해가 있을까 봐 소통의 기술을 이야기하기에 앞서 '호감 가는 외모'에 대해 몇 가지 말해보겠다. 남자든 여자든 외모를 중요시하는 시대이다. 이는 얼굴이 잘생긴 것만 말하지 않는다. 개성 있으면서 표정이 풍부하고 단정한 용모를 선호한다.

집 밖으로 나가는 순간 사람들을 만날 수밖에 없다. 상대에게 불쾌감을 주는 옷차림이나 행동, 말투는 삼가야 한다. 레일

라운즈의 《누구라도 당신과 사랑에 빠지게 하는 법》에는 사랑받기 위한 6가지 요소가 나와 있다. 그 중 첫 번째는 ‘인상’이다. 얼굴의 잘생김을 떠나 그 사람에게서 풍겨 나오는 분위기로 인상이 결정된다.

남녀 간의 소통 문제도 살펴보자. 최근 픽업아티스트가 유행이다. 픽업아티스트의 본질은 상대 이성이 마음을 열도록 돕는 일이다. 변질된 픽업아티스트는 상대의 감정을 거짓을 동원해서라도 잡아채려 한다. 이는 목적과 수단이 잘못됐다. 실제로 잘못된 방법으로 피해를 준 사례들이 발생하고 있다. 다른 이가 자신의 감정을 대신 처리해줄 수 없다. 다소 부족하더라도 솔직하게 자기감정을 드러내고 인정받으려는 자세가 정상적인 의사소통이다.

내 친구 중에 한 명은 외국기업에 근무하는데 외모가 출중하고 연봉도 1억이 넘는다. 그런데 아직 여자친구가 없다. 이유는 단 하나, 이성과 대화하는 법을 전혀 모른다. 보다 못해 내가 호감 있는 여성에게 문자를 보내라고 시켰다.

친구 : 내일 저녁에 같이 밥 먹을래?

여성 : 나, 다이어트 중이라 저녁 안 먹어.

친구 : 아, 알겠어.

이렇게 말하고 대화는 싱겁게 끝나버렸다. 여기서 친구의 잘못은 자기 목적만을 이야기했다는 것이다. 대화를 이어가는 기본은 '나'가 아닌 '우리'를 이야기해야 한다. 문자를 주고받는 상황을 바꿔 보자.

남자 : 같이 저녁 먹을래?

여자 : 나, 다이어트 중이라 저녁 안 먹어.

남자 : 그럼 나도 같이 다이어트해야겠네!

여자 : 무슨 소리야. 웃기지 마!

이성에게 자신의 가치를 보여주어야 한다. 단, 거짓되거나 위선적이어서는 안 된다. 목적을 위해 가짜 마음을 동원할 필요는 없다. 그렇게 되면 온라인의 추악한 픽업아티스트와 다르지 않다.

그 친구가 소개팅에 나가게 되었을 때 "너의 진정한 매력을 보여줘."라고 조언했다. 그랬더니 한 시간 동안 자기가 탁월하게 잘하는 게임 실력을 이야기했다는 것 아닌가. 자신의 매력이란 성격이나 취미, 취향 같은 것을 말한다. 매력을 보여준다고 해서 그것을 과시적으로 드러내기에 열중하라는 뜻이 아니다. 그렇게 하면 잘난 척한다고 오해받기 십상이다. 자신의 매력은 말과 행동에서, 친구들 사이에서, 그리고 다른 사람의 평가에서 자연스레 보여줘야 한다. 이것이 이성과 관계 맺기를 위한 첫걸음이다. 설령 당신이 지금 가진 것이 없더라도 괜찮다. 노력하는 마음과 그 결단을 보여주는 것만으로도 당신의 가치는 얼마든지 드러난다. 잠재력을 가진 사람에게 거는 기대는 누구라도 높게 마련이다.

남녀 사이에는 또 다른 중요한 교감 방식이 있다. 바로 눈빛이다. 남녀가 대화하며 눈을 마주치는 비중이 30%에서 75%로 높아지면 서로에게 호감이 생길 가능성도 커진다는 연구 결과가 있다. 누군가에게 관심이 생기면 동공이 커진다, 상대에게 호감이 있다는 징조다. 호감이 생기면 그 눈빛은 상대를 향해 반짝이고 눈빛으로 관심을 표현하고 상대를 배려할 지점까지 찾게 해준다. 무거운 것을 나눠 든다든지, 불편한 장소에서 자리를 옮겨주는 등 굳이 말하지 않아도 눈빛으로 호소되는 것들을 살피고 도와주게 된다.

적절한 스킨십도 호감을 표하는 방법이다. 스킨십은 매우 중요하다, 파티에서 춤출 때 손을 살짝 스치면 두 사람의 이성 감정이 깨어난다. 단, 너무 직접적이고 노골적인 추태는 거부 반응을 일으킨다.

우리는 일반적으로 자신과 비슷한 가치관을 가진 사람을 고른다. 같은 주제로 함께 대화할 만한 상대, 공통된 견해를 가진 사람에게 호감 가는 것은 당연하다. 추구하는 이상이 같은 경우도 대화가 잘 통한다. 상대와 소통하기 위해 반드시 그가 무엇에 관심이 있는지 알아봐야 한다. 공통 주제가 생기면 평등한 대화가 시작된다.

작가 완기의 《마귀 데이트학》에는 남녀 사고방식의 차이가 설명돼 있다. 남성은 목적 우선, 결과 지향, 미래를 중시하는 사고방식을 지녔다. 여성은 과정 우선, 느낌 지향, 현재와 과거를 중시하는 사고방식을 지녔다. 단순히 남성과 여성의 차이로 묶을 수는 없으나 통계적 결과이니 이를 토대로 대화할 때는 상대를 위한 표현에 참고하면 좋겠다.

또한, 여성은 주로 감정을 표현하고, 남성은 사실을 전달하는 데 더 신경을 쓴다. 그래서 지혜로운 남성은 여성과 싸울 때 가르치려 들지 않고, 지혜로운 여성은 자기감정에 이끌리는 것을 자제한다. 현대는 여성과 남성 간 사고방식의 차이가 점점 좁혀지고 있다. 그만큼 공감대의 폭이 넓어진다는 의미이다.

그리스 친구인 미로스는 중국 여자와 결혼했다. 그리스 사람들은 고대 소크라테스, 플라톤, 아리스토텔레스 때부터 감성보다는 이성을 중시했으며 뼛속까지 철학의 개념이 배여서 바꿀 수가 없다. 그래서 이 친구는 자기 부인이 논리적으로 말하지 않고 감정적으로 잔소리하는 것을 이해하지 못했다.

하루는 그가 "내 아내는 자기가 틀렸다는 것을 알면서도 자꾸 잔소리를 해. 이건 진짜 모순 아니야?"라고 내게 물었다. "꼭 기억해. 네 논리도 맞지만 네 아내의 말은 항상 옳아. 그것을 인정하라고."라고 웃으며 내가 말해주었다.

어느 날 그에게 전화가 왔다.

"네 말이 맞았어."

사람에 따라 다르지만, 남자들은 자기 생각을 우선시하며 여성의 감정을 잘 이해하지 못하는 경향이 있다. 일단 논리 대 이성이 부딪히거나, 자신과 상대의 감정이 충돌해 대화가 안 된다면 잠깐 시간을 갖자. 1~2분이라도 괜찮다. 그 뒤 먼저 상대의 말에 동의해주자. 어느 정도 시간이 흘러 서로 이성적인 상태가 되었을 때 다시 한번 잘 이야기해보자. 화를 내기 전에 자신의 감정에 휘둘리고 있는지, 감정이 격해지려고 하는지 스스로 점검해봐야 한다. 다음은 대화에 자주 나타나는 4가지 유형이다.

(1) 질문 세례

남 : 졸업하셨어요?

여 : 네.

남 : 회사 다니세요?

여 : 네.

남 : 어디로 출근하세요?

여 : …….

단조로운 여성과 남성의 전형적 사고방식이다. 이런 대화는 서로에게 좋은 영향을 끼칠 수 없다.

(2) 동문서답형

여 : 무슨 일 하세요?

남 : 저희 회사는 전 세계 500위 안에 드는 회사입니다.

여 : 그럼 엄청 힘들겠네요?

남 : 어떤 동료는 얼마 전에 쓰러졌어요. 한 동료는…….

여 : …….

대화에 집중해야 한다. 상대가 무엇을 질문했는지, 어떤 대답을 원하는지 알아야 적절히 대답할 수 있다.

(3) 지나친 감정 표현

과한 이성적 대화보다 더 난처한 상황은 과한 감정으로 이야기가 이어질 때이다. 아직 관계가 확실해지지 않은 상태에서 과도한 감정 표현은 금물이다. 한밤중에 전화해서 울거나, 전 애인을 들먹이며 분노하거나 아쉬움을 이야기해서는 안 된다.

(4) 제멋대로 평가

이미 앞에서 언급했지만 다시 한번 강조한다. 대화하면서 그 어떤 사람에 대해서도 마음대로 평가해서는 안 된다.

그럼 이성과는 어떻게 대화해야 할까? 다음 몇 가지 제안을 해본다.

(1) 상대방이 내게 특별한 존재라는 것을 알려줘라

남자든 여자든 서로에게 호감이 생기면 이를 표현해야 한다. 겉돌기만 해서는 마음을 전할 수 없다. 하지만 말을 꺼내기가 생각처럼 쉽지 않다. 이때 누구든 활용할 수 있는 문장이 있다.

"당신은 제가 봤던 사람 중 가장 특별해요."

단순히 아름답다, 멋지다는 표현보다 훨씬 가치 있다. '특별하다'라는 단어는 여러 방향으로 해석이 가능하기 때문이다. 이 말을 듣는 사람도 기분이 좋아진다. 생각해보면 세상의 모든 사람은 지구에 하나밖에 없는 특별한 존재 아닌가.

(2) 상대의 이야기를 많이 들어라

상대방이 이야기할 때는 최대한 경청하자. 중간에 끼어들거나 간섭하지 않는다. 당신이 이야기할 때에는 상대방의 표정이나 몸짓을 주의 깊게 보아야 한다. 상대가 핸드폰이나 시계를 힐끗 보거나 몸을 뒤로 기대고 팔짱을 낀다면 당신은 재빨리 화제를 바꿔야 한다.

(3) 상대방의 관심사를 찾아라

상대의 관심사를 찾는 일은 어렵지 않다. 상대가 하는 이야기의 소재나 친구, 아니면 옷이나 읽는 책에서 쉽게 찾을 수 있다. 하나의 주제로 대화하다 보면 통한다는 느낌을 받게 되고 대화의 호흡도 맞춰진다. 꼭 이성이 아니더라도 상대방이 관심 있어 하는 주제를 찾는 것은 높은 감성지수의 표현이다.

(4) '우리'는 늘리고 '나'는 줄여라

어느 관계든 나보다는 우리가 더 중요하다. 친밀한 관계일수록 '우리'를 더 많이 이야기한다.

"날씨도 좋은데 우리 같이 놀러 가요!"

"영화 하나 추천해드릴게요. 우리가 전에 이야기했던 주제를 다뤘어요."

호감 가는 사람이라면 대화하면서 자연스럽게 '우리'를 언급하도록 하자. 친밀감을 높이는 비결이다.

(5) 개인적인 비밀을 공유하라

"제 비밀 하나 알려 줄게요, 다른 사람한테는 이야기하면 안 돼요."

이 말은 관계를 굉장히 가깝게 만든다. 비밀을 아는 사람은 당연히 가장 가까운 사람이다. 그래서 상대는 자신을 신뢰하고 있다는 의미로 받아들인다. 꼭 비밀이 아니어도 된다. 자신의 귀여운 습관을 말해도 좋다. 손톱을 자주 뜯는다든지, 종종 늦잠을 잔다든지 등 상대와 공유할 비밀이면 된다.

(6) 감정을 변화시킬 만한 활동을 하라

두 사람이 함께 위험한 상황을 겪은 경우, 감정이 깊어진다는 것이 연구 결과로 밝혀졌다. 그래서 데이트를 할 때 공포 영화 보기, 방 탈출 게임 하기, 오토바이 타기 등을 함께하는 것도 나쁘지 않은 선택이다.

(7) 대화에 개성 있는 변화를 주어라

도저히 할 말이 없다면 상대방의 말 습관을 따라 해보자. 상대방의 말뿐만 아니라 추임새나 손동작도 따라 하면 대화나 개성이 드러난 멋진 장면을 연상시켜줄 수 있다. 더불어 상대에게 얼마나 집중하고 있는지 알려주는 계기도 된다. 서로 닮은 구석이 있으면 대화가 훨씬 즐겁다.

(8) 칭찬으로 상대의 자존감을 키워줘라

마지막으로 언제나 효과가 있는 방법을 소개하겠다. 바로 칭찬이다. 남녀 사이는 말로 하는 칭찬 말고 소리 없는 눈빛 칭찬을 해보자. 이 특별한 칭찬을 이길 감정은 없다. 상대가 무슨 말을 했을 때, '진짜 대단하다.'라는 눈빛을 보내자. 엄지까지 세워주면 금상첨화이다. 반면 상대가 힘들어하면 공감해 주고 든든한 눈빛으로 힘을 주어야 한다.

칭찬에도 기술이 있다. 너무 거창하고 애매한 칭찬보다 구체적일 때 빛을 발한다. 처음에는 사소한 칭찬부터 시작하자. 나는 액세서리에 관심이 많았는데 여자친구가 "너는 감각이 남다른 것 같아. 티셔츠와 목걸이 잘 어울린다."라고 말했다. 그때 나는 굉장히 감동했다. 내 감각을 인정받았다는 생각에 자신감도 얻었다. 생각해보면 나를 칭찬해준 그녀는 소통의 고수였다. 그래서인지 아주 오래전 일인데도 그녀와 함께한 시간은 좋은 기억으로 남아 있다.

대화가 잘 안 될 때는 상대를 탓하기 전에 먼저 자신을 돌아봐야 한다. 대화는 일방적으로 하는 연설이 아니다. 소통의 도구이고 관계 형성의 과정이다. 말을 잘하니까 대화도 유려하게 이끌 거라고 단정해서는 안 된다. 대화는 상호작용이 중요하다. 또한 한 번 대화를 잘해 좋은 감정을 남겼더라도 계속해서 노력하지 않으면 소용없다. 만날수록 대화가 안 통하는 사람이 된다면 좋았던 관계도 오래 유지되지 못한다. 그러므로 대화로 좋은 감정을 유지하는 것은 서로가 더 나은 자신이 되는 기회이다.

친구 간 대화의 바탕엔 배려가 있다

나는 한동안 파티에 가면 뭔가 낯설고 즐겁지 않았다. 특히 30대가 되니 파티를 더 싫어하게 되었다. 내가 그 사람들과 친하지 않아서 그런 것은 아니다. 단지 어떤 대화로 이야기해야 할지 알 수가 없었다. 친한 사람과 낯선 사람이 한자리에 모였으니 사적인 이야기를 하기도, 그냥 실없는 이야기를 하기도 어색해서 파티 참석이 부담스러웠다. 그렇다고 참석하지 않으면 사교의 기회와 더 많은 일을 할 기회가 적어지기에 참석하지 않을 수도 없었다.

문제는 나에게 있었다. 다양한 사람들과 대화하는 법, 소통의 방법을 연구하지 않은 것이다. 대화를 나누고 집에 오면 말을 잘못했다는 후회가 밀려왔다. 실수를 줄이기 위해, 여러 사람과 대화하는 법을 알기 위해 여러 책을 읽었다. 혹시 나처럼 내성적인 사람이거나 소통의 고수라 할지라도 내면에 자기만의 문제를 가지고 있다면 이 책 속에서 답을 찾기 바란다.

대화법에 관한 책을 찾으면서 재미있는 현상을 발견했다. 이제까지 출간된 소통에 관한 책들의 제목이 다 비슷하다는 점이다. '감정지수', '소통', '내성적인' 단어가 핵심이고 표지도 비슷했다. 아무래도 인간관계의 대화법에서 이 문제는 벗어나기 어려운 굴레인 듯하다. 여러 책 중 내게 가장 도움이 된 책은 영국의 유명 작가 캐롤라인 타가트Caroline Taggart의 《대화의 기술에 대한 레이디십 가이드HER LADYSHIP'S GUIDE TO THE ART OF CONVERSATION》이다. 이 책은 친구 사이 대화에서 가장 간단하면서도 가장 중요한 '입장 바꿔 생각하기'를 말하고 있다.

이 책을 만나기 전 나는 회식 자리에서 분위기가 침체되는 것 같으면 한 사람을 지목해 분위기를 띄웠다. 농담하기 편하고 만만해보이는 친구나 후배의 재미난 화제로 분위기를 띄우는 것이다. 그러면 다른 사람들도 즐거워하며 웃었고 분위기도 뜨거워졌다. 그로 인해 서로 유쾌하고 즐거운 분위기의 회식이 된다고 믿었다.

그런데 2019년 여름 회식 자리에서 일이 터졌다. 여느 때처럼 나는 평소에 좀 친하게 지내는 친구를 화제의 주인공으로 삼아 분위기를 띄우려고 했다. 그런데 농담을 한두 마디 정도 시작했을 때, 갑자기 그가 얼굴을 붉히며 "그만해!"라고 소리쳤다. 회식 분위기는 어색해져버렸다. 어찌어찌 상황을 정리했지만 기분이 좋지는 않았다. 불편한 기색을 애써 감추며 두 시간쯤 흐른 뒤에 집에 가려고 할 때야 이유를 알 수 있었다.

오늘 그 친구 부모님이 큰 수술을 받았다는 것이다. 결과가 생각보다 좋지 않아 걱정이 많다고 했다. 돌이켜 생각하니 회식 전부터 그 친구 표정이 어두웠던 게 떠올랐다. 이를 개의치 않았던 나 자신이 원망스러웠다. 그는 불편한 마음을 가지고 미리 약속된 회식이라 어쩔 수 없이 참석했던 것이다. 개인 사정이고 좋은 일이 아니라 공개하지 못했을 그의 마음이 짐작되었다. 사람에게는 무수히 많은 사건이 발생하고 여러 복합적인 감정이 존재하는데 평소 유쾌하고 농담을 잘 받아주는 친구라고만 생각한 나 자신이 원망스러웠다.

상대와 처지를 바꿔 생각하는 것은 친구 사이에 가장 중요한 소통 원칙이다. 그렇게 어려운 일도 아니다. 상대의 상황을 배려하는 것은 그가 자기 처지를 시시콜콜 말하기 전에 먼저 고려해야 할 최소한의 예의이다.

친구들과 수다 떨 때 일반적으로 자기 주변, 혹은 상대방 주변에서 일어나는 일을 주제로 삼는다. 서로의 공통분모는 거리감을 좁히는 아주 쉬운 방법이 되기 때문이다. 하지만 민감한 주제들은 건들지 말자. 예를 들어 한 부모 가정에서 자란 친구 앞에서 부모의 중요성을 이야기한다든지, 이별한 친구 앞에서 연애나 결혼 이야기를 한다든지, 취업이 안 된 친구 앞에서 직장의 피곤함을 말한다면 상대는 당신과 만남을 피한다. 사람마다 개인적으로 민감한 주제가 있다. 그 주제를 피하는 방법을 알아보자.

1. 상대의 관점 알아보기

만일 상대방이 특정한 정치인이나 연예인을 좋아한다면, 그 대상을 대화의 주제로 삼을 때는 조심해야 한다. 특히 당신이 그들을 좋게 보지 않는다면 아예 언급하지 말아야 한다.

당신이 모임에 참석하게 되었다면 누가 오는지, 어떤 주제를 삼가야 하는지 미리 알아보자. 이혼한 사람은 없는지, 최근 상을 당한 사람은 없는지, 회사에 문제가 있는 사람은 없는지 등 대화에서 세심하게 주의를 기울여야 할 내용을 점검해두면 좋다.

사전에 정보를 입수해 대화하면 서로 어색해지는 상황을 피할 수 있다. 어느 자리에 가더라도 상대에게 무엇을 주의해야 하는지 꼭 알아두자. 이를 모르는 다른 사람이 이를 언급한다면 당신이 재치있게 안전한 주제로 말을 돌릴 수 있다. 의외로 주제를 돌리는 건 어렵지 않다. "아, 맞다."라고 시작하며 부드럽게 말을 끊고 새로운 주제를 끌어오면 된다.

사교 모임에서는 각 분야에 종사하는 사람이 참석한다. 모두 가볍고 즐겁게 대화하기 원한다. 가능한 업무 이야기는 빼자. 모임에서 만난 의사에게 병과 증상에 관해 묻거나 변호사에게 법률 자문을 구하는 건 실례다. 증권사 직원에게 투자 종목을 묻고 영어 선생님에게 영어공부 방법을 묻지 않는다. 모든 사람은 사교모임에서 편안하고 가벼운 이야기를 하고 싶어 한다. 당신이 일과 관련된 질문을 하면 그는 업무의 연장이 된다. 아무리 전문 분야라 하더라도 불쾌해지는 건 어쩔 수 없다. 하지만 여전히 남들 앞에서 이런 주제를 꺼내는 사람들이 많다. 대화법을 모르기에 범하는 실수이다.

2. 화제를 전환하기

대화를 다른 방향으로 돌릴 때는 질문 중 하나의 단어를 들어 반문하는 것이 좋다. "대체 어떻게 해야 영어 성적을 올릴 수 있는 거야?"라는 질문을 받으면 "영어 이야기가 나와서 그러는데, 그 미국영화 '쇼생크 탈출' 봤어?" 이런 식으로 자연스럽게 전환하면 된다. "요즘 투자할 만한 종목은 뭘까요?"라는 질문에는 "자신에게 투자가 최고 가치 있는 투자죠. 요즘 무슨 취미생활을 하세요?"라고 답해도 좋다. 눈치 있는 사람이라면 상대방이 그런 질문에 난처해한다는 사실을 알아챈다.

만약 화제 전환이 잘 안 되는 주제라면 만능 답안을 써보자.

"이 이야기는 말이 너무 길어지니까, 다른 이야기를 해보는 건 어때?"

"여기서 이야기하기엔 집중이 안 되니 시간 날 때 사무실로 와."

이렇게 상황을 대충 얼버무려서 피해도 좋다. 말하기 어렵다면 잠시 침묵하는 것도 좋다. 당신이 그 이야기를 별로 하고 싶지 않다는 사실을 상대가 깨닫는다. 그 어색한 상황을 두려워하지 마라. 분명 어색함을 느낀 상대가 새로운 화제를 꺼낸다.

3. 효과적으로 상황을 해결하기

상대와 즐거운 대화를 이어가기 위해 캐롤라인 타가트가 제시한 실용적인 세 가지 기술을 살펴보자.

(1) 보이는 것에서 힌트 얻기

상대방의 옷차림과 표정, 몸짓을 보고 그의 상황을 고려하자. 이 작은 포인트를 무시하면 안 된다. 남자의 시계, 여자의 가방을 보라는 말이 있듯 겉으로 드러나는 것에는 많은 정보가 숨어 있다.

어느 모임에 갔는데, 모든 사람이 정장 차림으로 예의 바르게 대화하고 있다면, 최대한 그 분위기에 맞춰야 한다. 옷차림과 표정, 몸짓은 은연중에 그 사람 전체를 보여준다. 외모나 보이는 것들로 상대를 평가하라는 말이 아니라 그에 상응하는 예의를 갖추라는 말이다. 손동작이나 몸동작도 마찬가지다. 동작하나가 상대방의 대화 욕구에 영향을 줄 수 있다. 만일 당신이 상대의 눈을 자꾸 피한다면 주눅 들어 있는 느낌을 주게 된다. 반면 눈을 너무 똑바로 응시하면 공격적이라고 느낀다. 상대방의 눈과 입을 천천히 번갈아 보며 가끔 동의한다는 듯 고개를 끄덕여준다. 상대는 당신이 이야기를 잘 듣고 있다고 생각하게 된다. 만약 상대를 불편하게 만들고 싶다면 상대의 헤어라인만 뚫어지게 쳐다보면 된다.

심리학적으로 사람의 몸짓은 내면의 진실을 반영한다. 주머니에 손을 넣고 있으면 나태하게 보일 뿐만 아니라 지루하다는 인상을 남긴다. 대화할 때 몸을 뒤로 살짝 젖히는 것은

상대의 말에 별로 흥미가 없다는 뜻이다. 반면 앞쪽으로 살짝 기울이면 상대에게 흥미가 있고 대화에 몰입하고 있다는 표현이다. 팔짱을 끼는 것은 방어 심리를 의미한다. 이처럼 별것 아닌 듯한 몸짓에도 감정이 담겨 있다. 그리고 당신의 첫인상을 결정하기도 한다. 입으로는 아니라고 할 수 있지만 몸은 거짓말을 못 한다.

(2) 화제 선택

왜 어떤 사람은 하는 이야기마다 재미있는데 어떤 사람은 분위기를 썰렁하게 만들까? 답은 매우 간단하다. 대화를 부드럽고 유쾌하게 만들기 위해서는 본인이 먼저 즐거워야 한다. 흥이 있고 재미가 어디에서 오는지 아는 사람이 되어야 그런 이야기를 구사할 수 있고, 듣는 사람을 이야기 속으로 빨아들일 수 있다.

재치있고 재미있는 사람이 되기 위해서는 평소 책을 읽고 다양한 지식을 쌓고 여행을 다니고 친구를 사귀어야 한다. 아는 것이 부족하면 이야기 소재가 빈약할 수밖에 없다. 매일 집에서 게임이나 하고 드라마를 보며 연예인들만 쫓아다닌다면 어떻게 대화의 질을 높이겠는가. 지식과 정보가 풍부하고 이를 응용할 능력이 있어야 재미난 요소가 흘러나온다. 당연히 하루아침에 되는 일은 아니다. 천천히 하면 된다. 쓸모없어 보이는 지식도 이야기가 된다. 책을 많이 읽어라. 독서는 언제나 옳다. 너무 천천히 바뀐다는 생각이 든다면 다음 두 가지 방법을 이용하자.

하나는 남들에게서 주제를 찾아라. 상대방의 말, 외모, 취미에서 화제를 찾아보자. 다른 하나는 대화 전에 미리 할 말의 틀을 준비해라. 읽었던 책, 봤던 영화, 가 본 곳, 예전에 만났던 친구, 힘든 일, 회사 욕 등 뭐든지 다 좋다. 단, 자기 자랑은 삼간다. 상대가 당신을 회피하는 원인이 된다.

(3) 교감하기

교감은 공감과 같다. 사람의 감정을 관찰해 무엇을 말할지 결정하는 방법이다. 아무리 논리정연한 말이라도, 장소와 상대에 따라 하지 말아야 할 때가 있다.

몇 년 전 나는 극본을 다 쓴 뒤 한 친구에게 읽어보라고 보내줬다. 친구는 원고를 다 읽고서 나에게 "괜찮네. 근데 이 부분은 뭐라고 쓴 거야? 이해가 안 되는데?"라고 말했다. 시간이 좀 지나고 나서야 그 친구의 말이 맞았다는 걸 알았다. 실제로 그가 말해줬던 부분보다 더 많은 부분에 문제가 있었다. 근데 그 당시 나는 지적받았다는 사실에 기분이 나빴다. 그 부분을 다시 읽어보았지만 잘못된 부분을 찾아내지 못했다. 그래서 그 친구의 이해력을 탓했다. 한참 뒤에야 그 부분에서 엄청난 실수를 발견했다. 당시에는 내 감정에 휩싸여 냉정하게 작품을 보지 못했다. 이제 막 작품을 완성했으니 축하를 받고 싶었다. 그런데 갑자기 지적을 받으니 받아들이지 못한 것이다. 이렇듯 아무리 좋은 충고라도 상대의 기분에 따라 수용 여부가 달라진다.

둘이 나누는 대화도 서로의 기분과 목적이 다를 수 있다. 그러므로 처지를 바꿔 생각해야 한다. 대화 상대의 진심이 무엇인지 헤아리자. 그것을 토대로 대화해나가면 그는 당신의 조언을 흔쾌히 받아들인다.

대화의 기술을 몸에 익히기란 쉽지 않다. 하지만 열심히 훈련하면 금방 익숙해진다. 오랜 기간 훈련한 결과, 지금의 나는 상대의 두세 마디 말만 들어도 그가 어떤 감정인지, 무슨 대답을 원하는지 알게 되었다. 이제는 대화를 나누면서 내 말이 때와 장소가 부합한지, 상대에게 공감하는 내용인지 생각한다.

아무리 좋은 친구도 과도한 솔직함은 견디지 못한다. 직설적인 말은 상대의 마음을 상하게 한다. 이를 받아들이지 못한다고 상대를 탓하지 마라. 사실은 당신이 말을 잘할 줄 몰라서 생긴 감정의 불화이다. 작정하고 상처를 줄 의도가 아니라면 왜 그런 말을 하는가.

사회적 사교의 중요성은 내가 강조하지 않아도 모두 잘 안다. 예전에 '쓸모없는 사교는 포기하자'라는 칼럼을 쓴 적이 있다. 목적에 맞지 않는 사교 모임은 당신에게 도움이 되지 않는다. 평등한 사교를 할 수 없으며 관심 없는 이야기를 나누며 표정 관리까지 해야 한다. 그 결과 다른 사람에게 '좋아요'를 눌러주고 모임을 끝내게 된다. 그는 당신의 존재를 모르고 당신과 만남에 의미를 두지도 않는다. 그러므로 사교 모임에 나가기를 힘쓰기 전에 먼저 자신을 발전시켜야 한다. 아무도 알아주지 않아도 열심히 한 우물을 파라. 언젠가는 무대에 올라서게 되고 더 높은 곳에 올라가게 된다. 당신이 힘쓰지 않아도 모임의 초대장이 날아든다.

자녀와 대화하고
행복을 더해주자

스티븐 크보스키의 영화 '원더'는 개봉하자마자 미국에서 뜨거운 반응을 얻었다. 안면 기형으로 태어난 주인공 어기가 친구들과 부모님의 도움으로 자신감을 찾고 장애에 대한 사회적 시선을 변화시키는 이야기이다.

영화를 본 많은 이들은 어기의 노력에 감동했다. 하지만 이 영화에서 주목할 점은 어기의 부모이다. 부모와 소통이 잘 이루어지지 않았다면 어기의 인생은 비극이었을 확률이 높다. 어기의 부모가 어기와 어떻게 소통하고 어떻게 시련을 극복하도록 도왔는지 알아보자.

엄마 : 어기, 넌 정말 못생기지 않았어.

어기 : 그건 엄마가 내 엄마라서 그렇게 생각하는 거야.

엄마 : 그렇지. 내가 너의 엄마니까, 너를 가장 잘 아는 엄마니까 다른 사람이 못 보는 부분까지 나는 볼 수 있거든. 그러니까 내 의견이 가장 중요하지.

영화 '원더'의 원작자 R. J. 팔라시오 역시 두 아이의 엄마다. 파슨스 디자인 스쿨을 졸업했으며 본 직업은 그래픽 디자이너이다. 그녀는 일하면서 아이들을 돌봤고 밤에 애들을 재운 뒤에야 글을 썼다. 그렇게 이 작품이 탄생했다.

아이들은 부모를 보고 배운다. 당신의 말과 행동이 곧 아이의 말과 행동으로 전이된다. 부모는 자녀를 행복하게 성장시켜야 할 책임이 있다. 그러므로 부모라면 말과 행동에 추구하는 삶의 가치를 심어야 한다. 아이들이 이를 보고 자라며 자신을 성장시킨다.

언제부터인가 태교 프로그램이 유행하고 있다. 이제는 부모들 사이에서 경쟁이 되었다. 하지만 아이의 성장에 태교보다 더 중요한 것은 태어난 후 자라면서 듣게 되는 부모의 말이다. 시카고대학 의료 센터의 다나 L. 서스킨드 교수는 청각 장애아동을 상대로 연구하던 중 인공 달팽이관을 이식한 아동들의 학업성적이 크게 향상되었다는 것을 알게 되었다. 이는 많이 들을수록 사고가 다양하게 변화한다는 뜻이다. 이를 토대로 그녀는 언어와 성적의 관계를 연구하기 시작했다. 그 결과, 미국 내 상류층 유아들은 시간당 2,000개, 중산층은 1,200개, 저소득 가정의 유아들은 600개 정도의 단어를 듣는 것으로 조사됐다. 이들이 4살이 되었을 때 그간 들은 단어의 차이는 무려 3,000만 개 정도가 됐다. 일부 국가에서는 경제적 사회적 지위가 높은 가정의 4세 아이가 자라면서 4,000만 개 이상의 단어를 들었고 그중 1,100여 개의 단어를 외웠다. 반면, 빈곤한 가정의 아이들은 1,000만 개 단어밖에 듣지 못했고 그중 500여 개 단어를 외운 것으로 집계됐다. 수치만 비교하더라도 두 배 넘게 차이가 난다. 이 차이는 아이의 성적과 지능에 영향을 미쳤다.

서스킨드 교수는 또 다른 수치에 주목했다. 고소득층 가정의 부모는 시간당 평균 250번 아이 말에 반응해준 반면 저소득층 가정의 부모는 시간당 50번도 응답하지 않았다. 아이들은 대부분 TV 아니면 아이패드와 소통하고 있었다. 서스킨드 교수는 영유아에게 유익한 언어 환경을 만들어주기 위해서는 더 다양한 단어로 말하고 더 적극적으로 반응해줘야 한다고 말했다. 이는 부모가 꼭 알아 두어야 할 사항이다.

그렇다고 아무 말이나 해서는 안 된다. 잔소리와 불만 섞인 말을 할 바에는 아무 말도 안 하는 게 낫다. 서스킨드 교수는 《3천만 단어_아이의 두뇌 만들기Thirty Million Words_Building a Child's Brain》를 통해 영유아와 대화할 때 주의해야 할 3가지 원칙을 제시했다.

(1) 눈높이 맞추기

아이 반응에 공감하자. 아이가 관심을 보이는 것을 주제로 대화하는 방법이다. 예를 들어 아이를 씻길 때 샴푸 향으로 이야기할 수 있고, 장난감을 가지고 놀 때 같이 놀아주는 것, 아이가 자라 혼자 이동이 가능할 때는 주의할 점이라든가 낯선 사람에 대한 경계를 알려주는 식이다. 이때 주의할 점은 가르친다는 관점이 아니라 아이가 보고 느낄 수 있는 관점으로 접근해야 한다. 아이의 집중력은 5분이면 떨어져 주의가 다른 곳으로 옮겨진다. 이때 아이를 따라 같이 눈을 돌려서 눈높이를 계속 맞춰야 한다. 공감은 온 마음을 다해야만 형성된다. 그래야 아이의 마음을 얻을 수 있다. 핸드폰을 하면서 아이의 말을 듣거나 대꾸해줘서는 절대 안 된다.

(2) 말을 많이 하기

부모가 하는 행동을 말로 표현해주자. "나는 지금 밥을 하고 있어, 이제 후라이팬에 기름을 두르고 계란프라이를 만들 거야. 아빠는 저기 누워 있네. 어디에 누워 있지? 소파에 누워 있네. 소파는 무슨 색이지? 하얀색이야."

이렇게 하면 아이들은 당신의 말과 사물을 대조해가며 빠르게 언어를 습득한다. 이때 대상을 '이것, 저것, 그것, 여기, 저기, 저 사람' 같은 대명사로 지칭하기보다, 본연의 명사 자체로 묘사하면 좋다. 그러면 아이도 점점 다양한 어휘를 구사하고 대화법을 정확하게 인식해 나간다. 그럴 때 당신이 할 일은 "아주 잘했어!"라고 반응하는 것이다.

네다섯 살이 되면 아이들은 어린이집에서 일어난 일을 이야기하거나 자신이 본 것을 이야기하게 된다. 그렇게 언어능력이 발전한다. 아이가 어리고 말을 못 알아듣는다고 나중으로 미루지 말자. 스티븐 핑커의 《언어본능》에서 "영아의 뇌 대사능력은 5세 전후에 최고조에 달하고 7세 이전까지는 언어를 배우기에 가장 좋은 나이이다."라고 밝혔다.

(3) 돌아가며 말하기

아이와 대화할 때는 일방적으로 말하지 말자. 주로 아이 이야기를 들어주면 좋다. 단답형으로 대답하는 질문 형태가 아니라 열려 있는 주제로 아이 생각을 말할 기회와 시간을 충분히 준다. 예를 들어 "삼촌이 왜 좋아?"와 같은 질문은 아이가 삼촌이 왜 좋은지 생각하게 만든다. 정해진 답이 없다. 아이 생각 자체가 답이다. 그러므로 아이가 무슨 이유를 대든지 거기에 호응해주자. 그 이유가 타당한지 타당하지 않은지 따져서는 안 된다.

여기서 한 가지 질문이 생긴다. **부모가 아이와 대화할 때 아동 수준의 어휘를 꼭 써야 하는가이다. 대답은 당연히 "그렇다."이다. 11개월부터 3세가 될 때까지 적절한 수준의 언어를 듣고 자란 아이가 성인 어휘를 듣고 자란 아이보다 단어 활용에서 2배 높다는 연구 결과가 있다.** 부모가 아이와 비슷한 수준의 어휘를 구사하면 관계가 더욱 친밀해진다. 과장된 어조와 단순한 어휘, 귀엽고 부드러우며 운율이 있는 말투는 아이의 관심을 끌고, 아이가 잘 이해하게 돕는다. 더불어 아이에게 부모와 동등한 관계라고 느끼게 해준다. 그로 인해 더욱 자기 의사를 당당하게 표현한다. 반면, 알아들을 수 없는 성인 어휘를 사용해 말하면 그 말뜻을 알 수 없어 거리감을 느끼고 자랄수록 대화를 피한다.

말투뿐만 아니라 표정도 중요하다. 아이와 대화하면서 어느 정도 과장된 표정을 지으면 말에 담긴 뜻이나 감정을 쉽게 받아들인다. "꽃이 예쁘다."라고 말하면서 웃는다면 굳이 예쁘다는 건 좋다고 설명하지 않아도 된다. 아이 수준의 어휘를 알고 싶다면 아동용 책을 읽어보는 것도 도움이 된다. 아이의 눈높이, 관점, 생각의 범위까지 알 수 있다. 어릴수록 언어 학습 능력이 굉장히 뛰어나다. 하지만 자랄수록 뇌 신경이 닫히고 뉴런의 이동 방향이 고정되어 새로운 언어를 받아들이는 데 어려움을 겪는다.

그렇다면 외국어는 어느 시기에 가르치는 것이 좋을까? 개인적 견해는 외국어는 일찍 가르칠수록 좋다고 믿는다. 어릴수록 배움의 고통이 적기 때문이다. 영어든 일본어든 뭐든 다 좋다. 많은 언어를 구사할수록 세상을 바라보는 시야가 넓어진다. 아이들을 관찰하면 언어발달이 빠른 아이들이 그렇지 않은 아이들보다 자기조절 능력이 뛰어났다. 숫자를 많이 사용하는 것도 두뇌발달에 유용하다.

시카고대학의 한 교수는 14개월에서 33개월 된 44명의 유아를 추적 연구했다. 각자 가정에서 이루어진 90분간의 대화에서 어떤 아이들은 4개의 수학 관련 단어를, 어떤 아이들은 250개의 수학 관련 단어를 들었다. 일주일 동안 겨우 8개의 수학 단어를 들은 아이도 있었고, 1,799개의 수학 관련 단어를 들은 아이도 있었다. 1년이 지난 후 어떤 아이들은 수학 관련 단어를 1,500개, 어떤 아이들은 10만 개를 들었다. 이 아이들이 5살 됐을 때 수학능력에서 확연한 차이를 보였다. 수학 관련 단어가 언어, 논리, 사고에 영향을 미친 것이다.

어린아이가 숫자나 도형, 공간과 관련된 어휘를 많이 접할 수 있게 도와줘야 한다. 수학 개념, 공간 개념, 이 모두 언어의 질을 높이는 데 중요한 역할을 한다. 수학 공식을 넣어 대화하라는 것은 아니니 안심하기 바란다. **"넓은 거실에 있으니 커다란 TV가 작아 보이네."라고 말하든가 "사과가 하나 있네. 우리 가족이 세 명이니 두 개가 더 필요하구나." 등 일상상황에서 수학적 개념을 적용해 말해보자.**

아이에게 칭찬을 자주 해주면 아이 언어의 질이 높아진다. 연구 조사결과, 칭찬받은 아이들의 언어 구사력이 훨씬 높다는 것을 알 수 있었다. 자존감이 높아진 아이들은 자기 의견 말하기를 즐기며 표현력도 좋아졌다. 단 이때 올바른 칭찬 방법으로 해야 하는 것이 중요하다.

"넌 정말 천재야!" 많은 부모가 이렇게 칭찬한다. 그러나 이 칭찬은 썩 좋지 않다. 왜냐하면 아이가 이룬 성과를 제치고 천

부적 재능으로 똑똑하다는 것에 더 집중되어 있기 때문이다. 심지어 자신을 천재라고 생각하게 만들어 노력의 중요성을 잊게 만든다. 칭찬은 반드시 아이의 노력에 상응해야 한다. 결과를 칭찬하지 말고 과정을 칭찬하자. "네가 노력한 결과가 훌륭하구나."와 같이 극찬을 쏟아내지 않아도 아이에게 자부심을 심어주는 칭찬이 좋다.

부모라면 '혼내기'도 잘해야 한다. 체벌은 안 된다. 아이를 훈육하려고 든 매가 오히려 공격적 성향을 키워줄 뿐이다. 복수나 원망을 부르는 잘못된 사고방식을 심어줄 수도 있다. 오랜 기간 맞고 자란 아이는 폭력으로 문제를 해결할 수 있다고 믿는다. 학교폭력이 생기는 원인도 여기에 있다. 자신이 이길 수 있는 아이를 힘으로 제압하려 든다. 이런 악영향에서 벗어나기 위해 아이를 혼낼 때는 반드시 '말'로 단호하게 해야 한다.

"네가 그렇게 행동하면 장난감을 사줄 수 없어."

"어른에게는 함부로 말하면 안 돼. 어서 사과 드려. "

이렇게 아이의 잘못된 행동을 짚어주고 그 결과를 수용하게 만들어야 한다.

또한, 아이를 혼낼 때 부모는 반드시 아이가 안전하다는 느낌을 받도록 해줘야 한다. 혼내는 이유를 잘 설명해야 아이가 본인의 잘못을 알고 반복된 실수를 안 한다. 아이가 잘못을 고칠 수 있게 도와줘야 하며, 잘못했지만 아이를 사랑하는 마음은 변함없다는 믿음을 줘야 한다.

아이는 혼날 때마다 부모가 자신을 미워하고 싫어한다고 느껴 부모를 신뢰하지 않고 스스로 자기를 지키려 든다. 한편으로 방어적 성향, 반항적 감정도 키울 수 있다. 따라서 아이에게 고함치지 말고 잘 타일러야 한다. 잘못한 상황을 설명하고 행동이나 말을 수정하게 하는 방법이 좋다.

그런데도 많은 부모는 아이들이 말을 듣지 않을 때 자연스레 언성이 높아진다. 그러면 아이들은 공포심에 일단 말을 듣는다. 그러면 부모는 고함의 효과를 실감하고 아이가 잘못할 때마다 언성을 높인다. 그 결과 아이들은 공포 속에서 어린 시절을 보내게 된다. 이런 악순환은 아이들의 성장에 전혀 도움이 되지 않는다.

아이가 잘못을 저지른 상황에서 부모가 어떻게 화를 다스려야 하는지 알아보자. 다음은 미국의 자녀교육 전문가 로나 레너가 쓴《소리 질러서 미안해》에 소개된 방법이다.

(1) 묻기 Ask

현재 부모인 자신의 감정이 어떤지, 지금 마음에 품은 부정적인 생각이 무엇인지, 이런 나쁜 생각과 감정을 스스로 변화시킬 수 있는지 물어보자.

(2) 숨쉬기 Breath

첫 번째 항목의 질문을 자신에게 하며 심호흡하자. 자신의 호흡을 의식하며 5번 정도 천천히 숨을 쉬어라.

(3) 자신을 진정시키기 Calm yourself

호흡을 통해 마음을 다스리고 부정적인 생각 대신 긍정적인 생각을 마음에 채워라. 완전히 진정된 후 아이와 대화해라.

(4) 아이의 필요를 판단하기 Decide what your child needs

아이의 성격과 나이를 생각하자. 어린아이에게 터무니없는 것을 바라진 않았는지, 아이가 정말로 필요한 건 무엇인지, 포용과 격려가 필요한 것은 아닌지 생각해보는 것이다.

(5) 공감하기 Empathize

아이의 상황이 되어보자. 아이의 감정과 생각을 느껴보고,

아이 마음에 공감하고 이해한다고 말해주어야 한다.

아이를 기르는 부모는 《소리 질러서 미안해》를 읽어보면 좋겠다. 부모가 되는 것은 모두 처음일 텐데 어떤 부모는 아이를 굉장히 잘 이해하고, 어떤 부모는 아이와 전혀 소통하지 못할까? 답은 간단하다. 전자는 계속해서 아이를 동등한 인격체로 대하는 사람들이고, 후자는 아이를 어리게 보고 계속 가르치려 들기 때문이다. 이 둘의 차이는 금방 드러난다. 그리고 그 차이는 다음 세대에게도 고스란히 전해진다.

내향적인 사람도
할 말은 해야 한다

상담을 요청하는 사람들은 “저는 사교성이 없어요. 사람들에게 어떻게 다가가야 할지 모르겠어요.”라고 대인관계에 관한 질문을 많이 한다. 주로 이들은 자신이 내향적인 성격이라고 덧붙인다. 개인적으로 이 주제에 대해서는 진짜 할 말이 많다. 왜냐하면 내가 내향적인 사람이기 때문이다.

내향적과 외향적, 이건 타고난 생리학과 관련돼 있다. 후천적으로 우리가 선택할 방법은 거의 없다. 안타깝게도 사회에서는 외향적인 사람들이 활약을 많이 하고 있으니 내향적 사람은 상대적으로 자신감이 떨어진다. 외향적인 사람은 나서서 의견을 표하고 자기 주장을 강하게 피력한다. 매사에 적극적으로 일에 가담하기에 열정적으로 보이기까지 한다. 반면, 내향적인 사람들은 침묵하고 자신의 이야기는 남들이 알지 못하는 곳에 숨겨둔다. 조심하고 신중하게 행동하고 앞에 나서려 하지 않는다. 그로 인해 소극적이라는 오명을 뒤집어쓴다. 그렇다면 내향적인 사람은 사회에서 뒤처질 수밖에 없는 걸까? 그건 절대 아니다. 변화하려는 의지가 있다면 오히려 진중하고 사려 깊은 사람으로 인정받는다.

나는 사람들과 어떻게 소통해야 하는지 오랜 기간 연구했다. 내가 수업을 위해 처음 교실에 들어갔을 때 30여 명의 학생들의 시선이 내게 집중되었다. 강의실 공기조차 나를 짓눌렀다. 10분 정도 지났을까 내 등은 땀으로 흠뻑 젖었다. 그러나 심호흡하고 천천히 내가 전달해야 할 강의에 집중했다. 그러다 어느 순간 주눅 들지 않고 당당하게 강의하는 자신을 발견했다. 내 강의에 호기심을 나타내는 학생들을 보니 힘이 났다. 내가 누군가의 앞에서 말을 한다는 긴장과 두려움을 떨쳐버리고 강의 내용에 집중할 수 있었다. 강사 생활에 익숙해지면서 이제는 낯선 사람을 만나도 먼저 두어 마디 건넬 수 있게 되었다.

변화는 매우 중요하다. 변화를 믿는다면 자신의 성격이 내향적이냐 외향적이냐 따질 문제가 아니다. 외향적인 사람도 말문이 막히거나 의기소침할 때가 있고, 내향적인 사람도 무대 위에서 거침없이 이야기할 수 있다.

1. 내향과 외향은 무엇인가

나는 이것이 별 의미 없는 꼬리표라 생각했다. 내향적이거나 외향적인 건 상황에 따라 달라진다고 믿으며 고정된 성격으로 보지 않았다. 누군가 "당신은 외향적입니까, 아니면 내향적입니까?"라고 물으면 "저는 둘 다 제 안에 있습니다."라고 답했다. 그러나 사회생활이나 대인관계에서 마음대로 성향을 조정할 수 없었다. 사회생활에서 내 내성적 성향의 원인으로 자꾸 벽에 부딪히니 이를 연구해야 했다.

성격은 과학적인 방법으로 구분된다. 다른 사람과 시간을 보낼 때 자신이 스트레스를 받는지 아니면 힘이 나는지 보면 된다. 혼자서 에너지를 회복할 시간이 필요하다면 내향적, 반대로 남들과 함께 있을 때 에너지를 얻는다면 외향적인 사람일 가능성이 크다.

이 방법을 대입하니 나는 내성적인 사람이 확실했다. 약속이 없는 날이면 나는 집에서 읽었던 책을 또 읽거나 이미 몇십번은 본 영화를 또 본다. 굳이 약속을 잡아서 나가지 않고, 어떤 때는 심지어 휴대전화도 꺼놓고 소파에 누워 있다. 이렇게 해야 에너지가 빨리 회복된다.

생리학적으로 우리 뇌에 있는 신경 전달물질은 신경세포 간 신호를 전달한다. 여러 신경전달물질이 있는데 그 중 도파민과 아세틸콜린은 좀 특수하다. 도파민은 흥분, 각성에 관여하고 아세틸콜린은 사고와 기억에 관여한다. 하지만 이 물질의 반응은 사람마다 다르다. 어떤 사람들은 도파민에 민감하지 않아 아드레날린 분비를 통해 더 많은 도파민을 얻는다. 그들은 도파민이 어느 정도 충족돼야 편안함을 느낀다. 이런 사람들이 외향적이다.

이와 반대로 어떤 사람들은 도파민에 민감하다. 너무 많은 도파민은 오히려 그들을 지치게 만든다. 그래서 그들은 아세틸콜린을 주로 사용한다. 그것으로 행복을 얻고 편안함을 얻는다. 이런 사람은 내향적이다. 이렇게 사람들은 저마다 다른 방식으로 내면의 수평을 맞춘다.

미국의 권위 있는 내향성 연구가 마티 올슨 래니 박사는《내성적인 사람이 성공한다》에서 자신의 경험을 나눴다.

마티 래니와 남편은 교통사고를 당할 뻔했는데, 이때 두 사람은 전혀 다른 반응을 보였다. 외향적인 성격을 가진 마이클은 몸이 먼저 반응했다. 그는 곧바로 차에서 내려 다친 사람이 있나 살폈고, 적극적으로 후속 조치를 하며 사고를 받아들였다. 반면 내향적인 마티는 가만히 상황을 지켜보며 위험하지 않은지 살피고 차에서 내릴지 말지를 결정했다.

나도 이와 비슷한 경험이 있다. 회의 시간에 에어컨 바람이 너무 차가워 습관적으로 옷을 한 겹 더 걸쳤다. 외향적인 한 동료는 일어나서 에어컨을 꺼버렸다. 그의 행동이 얼마나 낯설어 보였는지 아는가. 당시 나는 동료의 의견을 묻지 않고 그런 행동을 하는 게 이해되지 않았다. 그저 그의 과감성에 놀랐다.

외향적인 사람은 외부의 자극을 갈망한다. 그들은 자극을 받았을 때 빠르게 반응하며 말하기를 좋아하고, 도파민과 아드레날린을 통해 기쁨을 얻는다. 내향적인 사람은 생각을 위한 시간이 가져야 하고, 심사숙고해서 결정을 내린 뒤 말하고 행동한다. 아스틸콜린으로 몸을 진정시키고 에너지를 저장하며 흥분보다 차분한 상태에서 행복을 느낀다는 것이다.

2. 내향적인 사람은 생각보다 많다

빌 게이츠, 워렌 버핏, 에이브러햄 링컨, 마틴 루터 킹 이들 모두 내향적인 사람이다. 대중에게 사생활이 노출되는 연예인 중에도 내향적인 사람이 많다. 그런데 이들이 내향적인 것처럼 보이지 않는 이유는 무엇일까? 이는 우리가 겉으로 드러난 모습만 보기 때문이다. 그들은 모두 직업상 자신을 적극적으로 보여주려 노력한다. 즉, 자신을 바꾸기 위해 엄청나게 노력으로 타고난 성향을 극복했다. 자신을 드러내지 못했을 때 생기는 어려움을 사회에서 겪어보았기 때문이다. 내향적인 사람들의 어려움을 크게 네 가지로 살펴볼 수 있다.

(1) 스트레스를 받는다

내향적인 성격 탓에 타인을 어려워하며 자신을 울타리 안에 가둔다. 다른 이들과 어울리지 못하는 시간이 길어지면서 모든 일을 혼자 처리하고 혼자 짊어진다. 많은 업무를 혼자 떠맡아도 무책임한 사람이라는 지적을 받을까 봐 말하지 못한다. 혼자만의 시간을 괴로워하고 정신적인 고통을 받는다.

당신이 이런 성향의 사람으로 직접 말하기가 어렵다면 메일이나 문자 등 다른 소통 방법을 찾아 자기 의견을 말해야 한다. 상대가 기분 나쁠까 봐 염려하기보다 자신의 상황을 알리고 해결 방법을 찾는 것이 결과적으로 좋다.

(2) 자신을 과소평가하게 된다

우리는 안타깝게도 태어나는 순간부터 남들에게 평가당한

다. 비판적이고 냉정한 평가를 받았을 때, 외향적인 사람은 바로 나서서 자신을 변호하거나 공격적으로 저항한다. 그러나 내향적인 사람은 침묵을 택한다. 입을 닫아버림으로써 그것을 인정하는 모습을 보인다. 하지만 혼자만의 시간이 되면 이를 되새기며 상처받는다.

남들의 시선과 평가에 웅크리지 말자. 그 사람은 당신의 모든 것을 알지 못한다. 단지 겉으로 드러난 모습을 평가하는 것이다. 당신이 신중하게 검토할 때 그들은 멍청하고 반응 느린 사람으로 평가한다. 당신이 오래 분석하고 판단하고 있을 때도 당신을 우유부단하고 큰일을 감당 못 할 사람으로 단정한다. 당신이 공공장소에서 조용한 공간을 찾아 에너지를 충전하려고 할 때 담이 작고 무언가를 결정할 수 없는 사람으로 여긴다. 당신이 이런 꼬리표에 당황하면 그들은 부정적인 평가를 끝없이 쏟아낸다. 당신이 그 말에 신경 쓰지 않는다면 상관없지만, 신경 쓰기 시작하면 그때부턴 악순환이 거듭된다.

(3) 자기 발전을 가로막는다

나는 회사를 오래 다녔는데도 윗사람과 이야기를 나눠본 적이 없다. 당연히 좋은 안건이 있어도 말하지 못했다. 내 의견을 회식 자리에서 동료에게 말했다. 그는 자기 의견인양 상사에게 말했고 직장 내에서 승진을 거듭했다. 당시 윗사람들과 허심탄회하게 대화하던 그들을 부러워만 했지, 그들처럼 하지는 못했다..

(4) 주목받지 못하고 투명인간 취급받는다

내향적인 사람의 직장에서 가장 큰 폐해는 열심히 많은 일을 했는데도 다른 사람의 공로로 돌아간다는 것이다. 높은 성과를 냈는데 아무도 모른다. 자기 업적을 과시하기를 부끄러워하기 때문이다. 남들이 스스로 알아주고 인정해주기를 바란다. 하지만 당신이 바라는 일은 절대 일어나지 않는다. 사회는 경쟁 사회이다. 당신이 이룬 업적에 손가락이라도 담근 사람은 자기 역할을 드러내기 바쁘다. 당신까지 챙기지 않는다.

이상 네 가지 어려움이 사회생활에 얼마나 치명적인지 아는가? 이를 안다면 내향적인 사람은 적극적으로 자신을 변화시켜야 한다.

3. 내향적인 사람을 위한 4P 법칙

내향적 성격을 변화시킬 중요한 4가지 법칙을 소개한다. 연구 결과 이 법칙으로 극도로 내향적인 사람도 변화되었다.

나 자신도 이를 이용해 크게 효과를 봤다. 이에 강력하게 추천한다.

(1) 준비Preparation

내향적인 사람은 발표나 토론을 두려워하고 회의 시간 등 공개적인 장소에서 스트레스를 많이 받는다. 그러나 경험상 준비가 충분할수록 긴장이 덜어진다. 이 점을 명심하자. 준비를 철저히 하면 어떤 질문이나 반박에도 자연스럽게 자기 의견을 말할 수 있다. 내향적인 사람은 늘 준비가 부족하다고 믿는다. 그러므로 철저하고 꼼꼼하게 만반의 준비를 확인해야 한다. 미루지 말고 차분하게 계획을 세워 준비하면 실수를 줄일 수 있다. 어느 내향적 연설가는 학창시절 웅변대회를 위해 집안 벽에 대고 연설문을 수백 번 외운 뒤 무대에 올랐다고 한다. 그리고 대회에서 일등을 차지했다.

(2) 존재감Presence

내향적인 사람은 자기가 열심히 일하고 성과를 내면 저절로 남들의 인정이 따라올 것이라 믿는다. 안타깝게도 현실은 그렇지 않다. 본인 스스로 드러내지 않으면 남들이 절대 알아주지 않는다. 오히려 자신의 성과가 타인의 결과로 뒤바뀔 수도 있다. 실제 그런 일은 비일비재하다. 그만큼 자신을 드러내는 것은 중요하다. 자신이 한 일에 대해서는 당당해져야 한다. 부끄러울 게 뭐 있는가.

(3) 떠밀기Push

스스로 편안하다고 생각하는 구역에서 불편한 구역으로 내보내라. 제니퍼 칸와일러의 《상처받지 않고 일하는 법》에 소개된 일화가 있다.

파티를 정말 싫어하는 내향적인 사람이 있었다. 하지만 그는 매번 불편하다고 생각하는 파티에 참석했다. 파티에 참석할 때마다 자신에게 두 가지 임무를 주는 것도 잊지 않았다. 하나는 최소 30분은 머무른 후 집에 가기였고, 다른 하나는 명함 20장 모으기였다.

처음에는 너무 어려웠다. 가까스로 30분은 채웠지만 명함은 덜렁 한 장 받아오거나 30분을 못 채우고 돌아왔다. 그는 '다음에는 꼭'을 외치며 다시 도전했다. 그렇게 오랜 기간 자신을 떠민 결과, 그는 회사에서 가장 유명한 사교 전문가가 되어 있었다.

자기에게 무언가를 강요하는 것은 굉장히 중요하다. 내가 영화와 드라마 분야에 막 발을 붙였을 때, 참석해야 하는 술자리가 너무 많았다. 술을 마시며 밤새도록 이야기하는 자리가 내게는 너무 버거웠다. 수없이 견디자고 나를 다독이며 더 많은 정보를 얻기 위해 그 자리에 참석했다. 나는 술자리마다 다섯 명 이상의 사람을 사귀고 집에 돌아가기로 다짐했다. 그렇게 나를 밀어붙이다 보니 이제는 그런 자리가 어색하지 않게 되었다.

만약 당신이 매일 편안한 상태에서 생활하고 있다면 자신의 역할이나 도전해야 할 과제를 찾아보자. 당신의 발전이 보장되고 한 단계 성장하게 될 것이다.

(4) 연습Practice

안타깝지만 내향적 성향은 하루아침에 바꿀 수 없다. 단기간에 성공하는 것도 불가능하다. 성향을 고치는 만병통치약은 없으며 몇 주에 완성되는 프로그램도 없다. 끊임없이 공들여 연습해야 한다. 고수가 되기 위해 부단한 연습이 필요한 것처럼 내향적인 한계의 극복도 연습이 필요하다. 혼자서 기술을 익히는 것이 아니기에 사람을 만나는 교제의 장에서 연습해야 한다, 반복해서 연습하다 보면 어느샌가 사교의 달인이 되어 있는 자신을 발견하게 되리라. 연습은 지금보다 외향적 모습으로 나가기 위해 꼭 필요한 과정이다. 긴장과 두려움으로 물러서지 말고 직면한 상황에서 적응력을 키워가자. 시간이 지나면 자신보다 못한 사람들이 많이 있다는 것을 알게 된다.

4. 내향적인 사람을 위한 어색함 깨는 방법

내향적인 사람이 의사소통에서 가장 어려워하는 지점은 어색함 깨기이다. 이 부분을 해결하기 위해 내가 터득한 묘안을 제시한다.

첫째, 무슨 이야기를 해야 할지 모를 땐 질문을 던져라. 무슨 일을 하는지, 업무에 어려움은 없는지 물어보자. 자세하게 물어볼수록 그는 당신의 관심을 느낄 것이다. 단, 상대가 난처해한다면 그 부분을 고집스럽게 물어서는 안 된다. 재빨리 화제를 돌려 다른 질문을 해야 한다.

"입으신 옷 색깔이 고급스럽네요. 그런 색을 좋아하시나 봐요?"

이렇게 질문하면 싫어할 사람이 없다.

둘째, 자신을 소개해라. 당신이 먼저 무엇을 좋아하는지, 어느 것을 선호하는지 이야기해보자. 이 두 단계를 통해 상대방과 공통점을 찾을 수 있다. 이때는 사람의 나이나 지역에 따라 자신을 소개해야 한다. 상대를 고려하지 않고 자신을 소개한다면 절대 공통분모를 찾을 수 없다.

셋째, 공통 화제를 찾았다면 그 이슈로 넘어가자. 내향적인 사람은 상대방과 공통된 이슈를 찾은 후에야 점차 어색한 상태를 벗어날 수 있다. 연예인이나 날씨, 여행 등 사람들이 보편적으로 좋아하는 주제가 있다. 좋았던 여행지를 소개한다든지 맛집을 거론하면 상대도 부담 없이 이야기에 참여한다. 하지만 자신의 느낌과 소감만 일방적으로 늘어놓으면 역효과가 난다. 상대방에게도 말할 기회를 주자. "○○에 가보셨어요?", "거기 ○○메뉴는 맛이 어떤가요?" 등 상대의 의견을 들으면 뒷이야기가 자연스럽게 이어질 수 있다. 한참을 이야기했는데도 공통된 화제를 찾지 못한다면 그냥 상대방의 이야기만 들어주어도 된다. 이것도 하나의 소통이다.

카렌 위크레는《네트워킹에서 작업 제거 : 중요한 연결을 만드는 내향적인 사람의 가이드Taking the work out of networking : An introvert's guide to making connections that count》에서 내향적인 사람의 장점 3가지를 언급했다.

첫째, 그들은 훌륭한 경청자들이다. 내향적인 사람이 먼저 입을 열지 않는 이유는 상대방의 생각을 알고 거기에 맞춰 자기 의견을 표현하기 위해서다. 상대의 말을 집중해서 듣는다면 상대는 이 경청자에게서 큰 힘을 얻는다. 그리고 자기 말에 반기를 들지 않고 긍정적으로 들어주는 것에 고마워한다.

둘째, 그들은 대화 방식을 통해 상대의 대인관계 스타일을 안다. 그가 하는 말투나 말의 빠르기, 어휘를 듣고 상대가 개방적인지, 우호적인지 또는 솔직한 사람인지 판단해낼 수 있다.

셋째, 그들은 호기심이 있다. 내향적인 사람들은 다른 사람에 대한 호기심을 갖고, '이 사람은 왜 그럴까?'라는 생각에 잠긴다. 이는 상대를 이해하기 위한 첫 단계이다. 상대를 이해하게 되면 말이나 심리까지 꿰뚫어볼 수 있다. 어떻게 해야 상대를 자극하지 않고 말할 수 있는지, 상대가 어떤 말을 좋아할지 알게 된다는 뜻이다. 이에 외향적이고 적극적인 사람과는 달리 깊이 있는 인간관계를 맺을 수 있다.

내향적인 사람들에게도 자신들만의 장점이 있다. 이 장점은 시간이 흐를수록 그들을 사랑받는 사람으로 만들어준다. 그러나 빠르게 변화하는 시대, 가벼워지는 인간관계에서 내향적 성격이 불리한 건 확실하다. 그러므로 내향적 성격을 바꾸어보자. 이것이 어렵다면 스스로 빛나는 존재로 가꾸면 된다. 그렇게 되면 당신이 별말을 하지 않아도 사람들은 하나둘 그 빛을 따라 당신 곁으로 다가온다.

감정과 관계의 깊이가 정비례하지 않는 상황에서는
과도하게 친밀감을 드러내면 드러낼수록 교류가 불가능해진다.

심리학자 센딜 멀레이너선

PART 2

협력을 다지고 자신을 돋보이게 만드는 말

직장에서는 다른 사람과 협력해야 업무처리가 가능하다. 상호작용이 이루어지지 않으면 해결되지 않는 일이 생긴다. 이 과정에서 업무적 갈등이 유발되고 오해도 쌓인다. 그래서 직장 내에서는 소통능력이 더 요구된다. 어떻게 하면 동료와 효과적으로 소통할 수 있을까?

직장에서는
말하기 7 법칙이 통한다

직장은 복잡한 곳이다. 학교에서는 혼자 이루고 혼자 빛날 수 있다. 자기가 공부한 대로 성적에 반영되기 때문이다. 하지만 직장에서는 다르다. 반드시 다른 사람과 협력할 줄 알아야 한다. 협력의 핵심은 소통이다. 이 소통은 친구 간 소통과 다르다. 친구와 소통할 때는 자신의 마음을 다 표현하고 흉허물 없이 말하지만, 직장 내에서는 그렇지 못하다. 말 한마디 잘못했다가 이기적, 독단적, 냉혈한이라는 꼬리표가 붙을 수 있다. 그뿐인가. 자신의 비밀이 직장 곳곳에 퍼질 수도 있다.

사회초년생은 특히 말하기를 조심해야 한다. 동료나 상사, 후배와 소통할 때 모두가 자신과 같은 생각이라는 착각을 버려야 한다. 오히려 그 반대이다. 어쩌면 일부러 곤경에 빠트리는 건 아닌가 하는 의문이 생길 만큼 앞과 뒤가 다를 수 있다. 그러므로 단호하게 객관적인 생각과 판단을 앞세워 소통해야 한다. 예를 들어 회사 동료에게 "쓰레기 좀 가져다 버리세요."라고 말하면 그는 틀림없이 '내가 왜? 너는 왜 안 가?'라고 생각한다. 하지만 그에게 "쓰레기 버리기와 대표님께 서류 제출하기 중에서 어떤 걸 하시겠어요?"라고 말하면 상대방은 둘 중 하나를 선택한다. 아마 대표를 만나는 게 더 부담스러우니 쓰레기를 버리러 가지 않을까 싶다.

소통의 대가이자 광고 기획의 귀재인 사사키 케이이치의 《인생이 바뀌는 말 습관》에는 직장에서 적용할 만한 7가지 소통 방식이 나와 있다. 하나씩 알아보자.

1. 비위 맞추기

대인관계에서 가장 유용한 방법이다. 직장 내 대화에서는 상대를 배려해서 말하는 것이 예의이다. 밤늦게까지 야근한 동료를 붙잡고 전날 있었던 축구경기를 이야기하면 안 된다. 또, 연예인에 대한 관심이 없는 동료에게 연예계 스캔들을 이러쿵저러쿵 말해서도 안 된다. 사람들이 원하는 게 무엇인지 파악해서 이야기하자.

퇴사하는 여직원에게 그만두는 이유를 물었다. 그녀는 그냥 회사랑 잘 맞지 않아서 나간다고 했다. 회사에서 상처를 받았음이 틀림없었다. 그래서 나는 이렇게 이야기해주었다.

"저도 회사에 문제가 많은 것을 느껴요. 때론 저도 정말 힘들 때가 있어요. 이해합니다."

그러자 그녀는 진실한 속마음을 털어놓았다. 그녀는 결국 퇴사했지만 시간이 꽤 흐른 지금까지도 나와 연락을 주고받고 있다.

먼저 상대의 마음을 열어야 그가 듣고 싶어 하는 말이 보인다. 그때 그가 듣고 싶은 말을 해주면 된다. 만일 당신이 옷 가게에 갔는데 점원이 "셔츠는 딱 한 벌만 남았어요."라고 한다면 당신은 어떤 생각이 들까? '별로 인기가 없는 상품인가?' 아니면 '굉장히 인기 있는 상품인가?'라고 생각한다. 만약 그 셔츠가 마음에 든다면 두 번째 경우이길 바란다. 그때 점원이 "이 셔츠는 인기가 좋아 마지막 한 벌 남았어요."라는 말한다면 당신은 셔츠 구매를 망설이지 않는다. 그게 바로 비위 맞추는 말이다. 상대가 원하는 말을 해주는 것이다.

2. 싫어하는 것을 피하도록 유도하기

사람마다 싫어하는 게 있다. 하지만 개인적으로 싫어하는 부분을 피해 일할 수는 없다. 특히 공적인 부분이나 업무적인 부분에서는 싫어도 신속하게 처리해야 할 일이 있다. 그런데 어떤 직원은 자기 담당 업무 외의 일을 협업하는 부분에서 늑장을 부리는 경우가 있다. 하기 싫은 티를 내며 귀찮게 여긴다. 이럴 땐 어떻게 해야 할까? 예를 들어 직장에서 업무 문자나 메일을 보냈는데 답이 오지 않는다면 답답하다. 두세 번 답장을 달라고 했는데도 바뀌지 않는다면 "업무 문자 답장 지연에는 책임이 따르니 주의해주시기 바랍니다."라고 문자나 메일에 덧붙이자. 이 한 문장의 효과는 크다. 누구든 잘못된 일을 책임지고 싶어 하지는 않는다.

일상생활에서도 이와 비슷한 소통 방법을 사용할 수 있다. 박물관이나 전시회에서 "손대지 마시오."라는 경고문을 본 적이 있을 것이다. 주최 측은 관람객이 전시품에 손대는 것을 막고자 경고문을 붙였다. 하지만 꼭 가만히 두지 못하고 만지는 사람들이 있다. 왜일까? 인간은 기본적으로 반항심을 가지고 있어서 하지 말라는 것에 반감을 가진다. 정중한 부탁의 문구 대신 "파손의 위험이 있으니 만지지 마시오. 책임이 따릅니다."라고 적어놓으면 어떨까? 효과는 전보다 훨씬 클 것이다. 무언가를 부탁할 때는 그로 인해 생기는 안 좋은 결과를 같이 말해주자. 그러면 상대의 업무처리 때문에 당신이 전전긍긍하지 않아도 된다.

《인생이 바뀌는 말 습관》에 소개된 한 여인의 이야기를 들어보자. 결혼한 지 25년 된 그녀는 요즘 남편이 일을 본 뒤 변기 뚜껑을 내리지 않아 스트레스를 받고 있다. 변기 뚜껑을 열어놓으면 고양이가 변기 물을 마시기 때문에 그녀는 여러 차례 뚜껑을 닫으라고 부탁했다. 그러나 남편은 아무리 말해도 듣지 않았다. 그녀는 그냥 포기할까 생각했지만, 다른 방식으로 남편과 소통해보기로 했다.

"변기 뚜껑을 안 닫으면 재물 운이 날아간다는 소문이 있더라고요."

이튿날부터 변기 뚜껑은 꼭꼭 내려져 있었다.

또 하나의 예화를 보자. 한 식당에 엄마들이 아이들을 여럿 데리고 왔다. 아이들은 신나게 식당 전체를 누비며 뛰어놀았다. 이에 식당 주인은 "다른 손님들에게 방해가 되지 않도록 아이들을 자리에 앉혀 주실 수 있나요?"라고 부탁했다. 하지만 엄마들은 아이들에게 몇 마디 주의만 줄 뿐 그냥 넘어갔다. 식당 주인은 다시 한번 "방금 만들어져서 나온 음식이 뜨거워서 아이와 부딪히면 아이가 크게 다칠 것 같은데, 아이들을 자리에 앉히는 게 어떨까요?"라고 말했다.

엄마들은 아이들을 바로 자리에 앉혔다. 피해가 눈앞에 보였기 때문이다. 이처럼 상대방이 싫어할 결과를 말해준다면 효과는 금방 나타난다.

3. 선택의 자유 주기

누군가와 소통할 때 선택지가 주어진 질문과 선택지가 없는 질문의 차이는 크다. 동료에게 "디저트 드실래요?"라고 묻는다면 안 먹겠다는 사람이 많다. 하지만 "디저트로 망고푸딩이랑 녹차라떼가 있는데 어느 걸로 하시겠어요?"라고 묻는다면 대부분 그중 한 가지를 고른다. 물론 다 싫다고 하는 사람도 있다. 그럴 때는 선택지를 몇 가지 더 주면 된다. 상대에게 선택의 자유를 주고 스스로 선택하게 만드는 것은 강요당하는 느낌을 덜어준다. 사람의 뇌는 게으름 피우기를 좋아하기에 생각의 갈등을 줄여주는 것이 좋다.

4. 인정받고 싶어 하는 욕구 채워주기

이 항목은 직장 동료에게 도움을 요청할 때 유용하다.

"이 일은 너만이 할 수 있는 일이야. 좀 도와줄 수 있어?"

"내가 아무리 해도 안 되네. 고수가 좀 도와줘야겠어."

"내가 여러 사람한테 물어봤는데, 다들 널 추천하더라."

이렇게 말하면 상대는 흔쾌히 도움에 승낙한다. 교사라면 학생에게 "이것도 못 하면 어떡하니?"라는 말보다 "넌 할 수 있어! 나는 널 믿어!"라고 말하자. 사람이라면 누구나 인정받고 싶어 하는 욕망을 가지고 태어난다.

5. 너 아니면 안 된다고 하기

백 번 들어도 질리지 않고 오히려 기분 좋아지는 말이 있다. "당신이 필요해.", "당신이 꼭 있어야 해." 등 타인으로부터 인정받는 말이 그것이다. 그러므로 이를 이용해 의사를 전달해 보자. 기대 이상의 효과가 나타난다. 회식 자리에 동료를 초대할 때, 단체 문자로 간단하게 "가서 술 한 잔 합시다!"라고 하는 것보다, 한 사람씩 이름을 부르며 "철수 씨가 없으면 분위기가 안 살아요. 철수 씨만은 꼭 와주셨으면 좋겠어요!"라고 개별적으로 연락하는 방법이다. 이처럼 사람을 모을 때는 단체문자보다 한 명씩, 개별적으로 연락을 돌리자. "너 아니면 안 돼."라는 말은 상대에게 우월감을 부여해 기쁜 마음으로 상대 요청에 응하게 만든다.

새해에 단체 문자를 돌리는 일은 삼가자. 상대방이 정말 복을 받기 원한다면 최소한 이름이라도 넣어서 보내자. 이건 정말 기본적으로 지켜야 할 예의다. 서비스직에 종사하고 있다면, 고객의 이름을 기억해야 한다. 자주 오는 손님의 이름을 기억해두었다가 그 손님이 왔을 때 이름을 부르며 인사한다면, 그에게 VIP가 된 기분을 선물할 수 있다.

6. 단체화하기

상대에게 무언가를 같이 하자고 할 때는 공동체 의식을 심어줄 수 있는 단어를 선택하자. 군사훈련에서 간부가 병사들에게 무언가를 시킬 때 '해라'라고 하는 것보다 '하자'라고 말하는 것이 사기를 끌어 올린다. '하자'라는 말에는 '함께'라는 의미가 내포되어 있기 때문이다. 이것이 바로 단체화하는 소통 방식이다.

딸아이가 운동을 싫어하는 아빠에게 "아빠, 운동 좀 해요." 라고 말했다. 평소 아빠가 소파에 비스듬히 앉아 TV를 보고 야식을 즐기는 등 건강한 생활을 하지 않았기 때문이다. 그러나 아빠는 딸아이의 말을 듣지 않았다. 딸은 지혜를 발휘했다.

"아빠, 제가 밤에 밖에서 조깅하려는 데 혼자서는 좀 무서워요. 같이 가 주세요."

그러자 아빠는 딸과 함께 뛰기 시작했다. '단체화'는 상대방에게 파트너가 된 느낌을 부여한다. 그로 인해 번거로운 부탁이라도 기꺼이 들어주는 위력이 발휘된다.

팀원들이 '귀찮음'과 '어려움'을 호소할 때 "우리 같이 해보자."라든가 "우리가 도와줄게."라고 단체화하여 이끌어보자. '팀'의 소속감으로 단결하게 만들고 일의 의욕을 불러온다.

7. 감사하기

'감사'라는 두 글자에는 보이지 않는 자력이 있다. 상대와의 거리를 순식간의 좁히고 보이지 않는 힘을 가동시킨다. 사소한 일에도 감사를 전하면 상대의 마음이 당신에게 끌린다.

"이렇게 빨리 답을 해주시다니요. 감사합니다."

"덕분에 일이 순조롭게 진행되었어요. 고맙습니다."

"직접 가져오셨네요. 감사합니다."

습관처럼 말끝에 '감사'를 붙여보자. '감사'라는 한 마디를 추가함으로써 얻어지는 위력은 생각보다 대단하다. 누구나 감사할 줄 아는 사람을 더 도와주려 한다.

친한 친구에게 고맙다고 말하면, 친구는 대개 친구 사이에 뭘 고맙다고 그러냐는 반응을 보이곤 한다. 그래도 고맙다고 표현해야 한다. 친구와 유대감이 커지고 기분 좋은 관계가 오래 유지된다. 감사를 표하지 않으면 상대는 '내가 도와주는 걸 당연하다고 여기나?'라고 생각한다. 예의를 차리는 것은 언제나 옳다.

이상 일곱 가지 법칙을 기억하자. 특히 '비위 맞추기'와 '인정받고 싶은 욕구 채워주기' 이 두 가지는 직장 생활에 굉장히 유용한 방법이다.

상사와
소통하는 법

2015년 조사 결과, 이직하는 이유 중 75%가 상사와의 갈등 때문이었다. 상사와 갈등 원인은 무엇일까? 해결 방법은 없을까?

상사는 업무를 지시하고 결과 보고를 받는 위치이다. 기대 이상의 성과와 효율을 내는 상황이라면 인정하지만 일이 지연되거나 결과가 만족스럽지 못하면 성격에 따라 다양한 방식으로 부하직원에게 지적과 강요, 압박을 가한다. 부드럽게 달래는 유형이 있고 불같은 성질로 다그치는 유형도 있다. 무시하는 발언을 서슴지 않는 상사도 있다. 하지만 우리는 상사를 선택해서 일할 수가 없다.

상사와 관계에 따라 직장 생활이 즐거울 수도 있고 고달플 수도 있다. 상사도 사람인데 같은 인격체로 동등한 대우를 하면 좋으련만 업무 책임에서 확연히 차이가 나니 그도 어쩔 수 없는 상황이라고 항변한다. 그래서일까. 직장인 대상 설문 조사에서는 상사를 별로 좋아하지 않음에도 존중한다는 대답이 우위를 점한다. 그러나 그 심리를 들여다보면 상사를 인격체로 존중하기보다 조직에서 상사에게 부여한 권한을 존중한다는 의미가 강하다.

상사에 대한 존중은 조직에 대한 존중이자 자신에 대한 존중이고 동시에 직업 소양을 보여주는 것이다. 나는 직원들 앞에서 상사와 싸운 사람, 상사의 실수를 소문내는 사람, 퇴사 후 SNS에 욕을 한 바가지 써놓는 사람을 본 적이 있다. 이런 행동은 사실상 자신의 얼굴에 먹칠하는 것과 같다. 자기 잘못은 돌아보지 못하고 모든 원인을 상대에게 돌리는 경향 때문이다.

상사에 대한 정의를 내려보자. 상사는 무조건 자신보다 높은 존재가 아니라, 공통된 목표를 가지고 함께 나아가는 존재다. 축구팀처럼 각자 다른 포지션에 서 있을 뿐이다. 나의 공로가 곧 상사의 공로이고, 상사가 이룬 일 또한 내가 함께 이룬 일이다. 일반적으로 큰 회사일수록 이런 부분이 잘 이루어져 있다. 이에 반해 중소기업은 상사와 직원 간에 끈끈한 유대감이 형성된다. 꿈같은 이야기인가. 그렇다면 상사와 소통하는 이상적인 방법을 알아보자.

1. 제가 도울 만한 일이 있을까요?

상사와 부하직원의 관계는 서로 돕는 관계다. 기업경영의 달인이자 미국에서 가장 까다로운 상사로 꼽히는 잭 웰치와 15년을 함께한 그의 수석 비서이자, 뉴스위키에 '잭 웰치의 비밀 병기'라고 소개된 로잔 배더우스키는 《잭 웰치 다루기》에서 상사를 돕는 것이 상사를 관리하는 최고의 방법이라고 했다. 리더와 소통할 때 제일 중요한 것은 "제가 도울만한 일이 있을까요?"라고 묻는 것이라고 조언한다. 리더도 누군가의 도움을 받아야 한다. 1인 기업이 아닌 이상 직원들은 모두가 한 팀으로 협력해야 한다. 추구하는 기업의 가치와 이익을 위해 힘을 도모해야 서로에게 유익이 된다.

타인의 지지는 직장 생활을 하는데 에너지가 된다. 그중 제일 높은 지지를 받아야 하는 사람이 바로 리더다. 리더 또한 직원과 공동체 의식을 가져야 한다. 창업 초기 나는 직원들의 의견을 경청했다. 내가 세운 기업을 잘 이끌어야겠다는 의지가 강한 만큼 무엇보다 소중한 건 직원과 소통이라고 믿었다. 이때 내가 직원들에게 가장 많이 한 질문은 “제가 도울 것은 없나요?”였다. 이 질문은 언제나 가장 많은 반응을 불러일으켰다. 개인적 업무의 어려움과 난관, 혹은 고객의 요구를 직접 전하며 자기가 맡은 업무 영역에서 개선해 나갔다. 그로 인해 회사는 예상보다 빠르게 안정권에 들어섰다. 다시 한번 강조한다. 직원들은 자신의 의견을 존중해주는 리더를 믿고 따른다.

직원이라면 말과 행동으로 리더를 지지해야 한다. 그의 단점을 채워주고 그의 장점은 밀어주자. 리더가 잘하는 것은 지지해주고 잘못하는 것은 도와줘야 한다. 자신의 리더를 지지해줘야 그가 성공할 확률이 높아지고 성공신화를 이룬다. 리더의 성공은 곧 나의 성공이다. 회사가 성장함에 따라 소속된 직원의 주가도 높아진다.

2. 즉시 답장하기

근무 중에 업무 문자에 답장하지 않는다면 문제가 된다. 상사에게서 업무지시를 받았다면 반드시 답장을 보내자. 거래처에 메일을 보내라는 업무를 받았다면 메일을 보내고 최소한 “보냈습니다.”라고 보고하자. 나아가 확인을 위해 화면을 캡처해 보내준다면 더 좋다. 이렇게 답장을 해주면 업무 진행에 따른 상사의 의구심이 해소될 수 있다. 더불어 확실하게 보고하면 자신의 책임에서 부담을 덜어낼 수 있다.

3. 문제 해결은 은밀하게

직장 내 비판이 없을 수는 없다. 그러나 공개적인 장소에서 상사를 비판하지 말자. 특히 외부인이 있는 자리라면 더더욱 삼가야 한다. 공개적인 자리에서는 최대한 지지해주고 문제가 있다면 비공개적으로 해결하는 것이 좋다.

삼장법사가 왜 손오공을 싫어했을까? 손오공은 리더인 삼장법사의 권위에 도전하며 자신이 하고 싶은 대로 행동했기 때문이다. 《서유기》를 보면 손오공이 자기 마음대로 행동해서 사고를 칠 때마다 삼장법사는 자신의 부덕을 탓하며 긴고주緊箍呪를 외웠다.

저팔계의 복종이 오히려 정확한 부하의 자세다. 그러므로 상사와의 의견이 맞지 않는다고 공개적으로 그를 욕보이거나 저항하지 말자. 만약 상사와 충돌이 생겼다면 객관적 자료를 제시하고 별도의 시간을 내 대면하여 문제 해결에 나서야 한다. 아무리 당신이 옳더라도 공개적인 자리에서 상사에게 반격을 가하는 행동은 절대 하지 않는다. 상사는 자신을 존중해주고 응원하는 직원과 상생하고 싶어 한다.

4. 대화하는 시간 정하기

소통은 한 번으로 끝나지 않는다. 일주일에 한 번이든, 한 달에 한 번이든 소통하는 시간을 갖자. 어떤 이야기를 할지 미리 준비하는 것도 좋다.

어느 순간 자신보다 젊은 상사를 만날 경우도 많다. 그럴 땐 어떻게 해야 할까? 자신이 나이도 많고 경험도 풍부하니 무조건 옳고 현명하다고 여기면 절대 안 된다. 페이스북 최고운영책임자 셰릴 샌드버그는 상사 대하기에 도가 튼 사람이다. 페이스북에 갓 입사했을 때, 셰릴은 자신보다 훨씬 젊은 상사인 마크 저커버그와 매주 한 번 만나서 이야기하기로 약속했다. 그들은 몇 년 동안 매주 금요일 오후 두 시에 만나 크건 작건 각자 관심 있는 일을 토론했다.

"몇 년이 흐른 지금, 솔직한 의견을 나누는 것은 우리 관계에서 굉장히 자연스러운 일이 되었고, 언제든 그렇게 할 수 있어요. 이제는 굳이 금요일까지 기다릴 필요가 없게 되었죠."

어느 인터뷰에서 셸리가 한 말이다.

상사와 소통할 때 무슨 이야기를 할지 깊게 고민할 필요는 없다. 여러 가지 지식이나 기술 또는 정보, 그 외에 사회 현상을 이야기해보자. 책 한 권을 가져가 그에게 추천해줘도 좋다. 일하면서 이룬 것들, 기쁨을 맛봤던 순간들, 실패의 고배를 마셨던 순간의 이야기도 좋다. 대화를 나누며 생각의 공유가 유대감으로 이어진다는 사실을 기억하자.

상사에게 업무의 진행 과정은 필히 언급해주자, 너무 사소한 부분까지는 말할 필요 없지만, 중요한 일에 대해서는 상사의 의견과 조언을 구해도 좋다. 이렇게 하면 자신이 맡은 업무의 핵심과 방향성을 파악하는 데 도움이 된다. 상사도 당신의 생각과 공로를 알게 돼 추후 승진이나 월급 인상에 도움을 줄 수 있다.

5. 할 말을 미리 정하기

상사나 리더와 만나기 전, 꼭 상대방의 상황을 알아보고 생각하자. 매번 같은 방식으로 소통한다면 불편한 시간이 된다. 상대의 처한 상황을 알아보고 이해해야 한다. 그가 머리 터지는 일을 겪고 있다면 가벼운 이야기를 하고 현재 회사가 중대한 기로에 서 있다면 알고 있는 정보를 알려주자. 만약 회사가 흑자를 내는 상황이라면 보너스를 살짝 이야기해보는 것도 좋다.

대화하기 전에 간단하게라도 요점을 정리해야 한다. 그 이유는 첫째, 말과 행동을 조심하기 위해서다. 직장에서 정말 중요한 부분이다. 세 치 혀가 사람을 살리기도 죽이기도 하지 않는가. 둘째, 불필요한 말을 하지 않기 위해서다. 무슨 말이든 상대에게 전달되기까지 그 본연의 의미가 변하지 않는다고 보장할 수 없다. 대화의 요점을 미리 준비함으로써 상대의 오해를 불러올 말을 방지할 수 있다.

맥킨지에는 '엘리베이터 테스트'라는 실험이 있다. 엘리베이터가 움직이는 30초 이내에 자신의 의견을 고객이나 상사에게 논리정연하게 말하는 법을 익히는 실험이다. 과연 30초면 충분할까?

오랜 시간 동안 컨설팅을 지켜본 후 맥킨지는 한 가지 결론을 내렸다. 자신이 말하고자 하는 요지를 충분히 이해하고 있다면 30초는 충분하다. 또, 그 시간 안에 자기 의견을 명료하게 말할 수 있다면 당신이 전달하려는 핵심을 정확하게 전할 수 있다. 시간이 촉박하거나 긴급한 업무적 용건이라면 이 방법이 유효하다. 그러나 사적인 자리나 유대감을 형성하는 자리에서 이 방법을 이용한다면 분위기에 맞지 않는 사람으로 낙인찍힌다.

6. 이겨야 돼, 져야 돼?

후배가 고민에 휩싸였다. 운동을 잘하는 후배는 상사와 농구를 하는데 이겨도 될지, 져 줘야 하는지 알 수 없다고 했다.

나는 이기고 지는 문제가 아니라고 말해주었다. 상사가 농구를 하자는 것은 운동을 즐기고 싶을 뿐이고 같은 취미로 유대감을 높이려는 것이니 그 시간을 즐겁게 보내면 된다고 했다. 후배는 내 조언대로 승부욕을 걷어내고 단순하게 농구를 즐겼다고 한다. 그 결과 상사와 친밀감이 높아졌다며 고마워했다. 직장 내에서도 마찬가지다. 업무적으로 이기고 지는 것은 중요하지 않다. 현재 상사와 직원 간 소통을 하고 있다는 것이 가장 중요하다.

부하직원과
소통하는 법

직급이 올라가면 부하직원과 소통은 더더욱 중요해진다. 이제 갓 입사한 사회초년생이라도 자신과 상관없는 이야기가 아니다. 일 년만 지나면 내 문제가 될 수 있다.

생활방식과 신념이 다른 부하직원을 이해하지 못하면, 그가 어느 날 갑자기 사표를 내거나 사고를 칠 수 있다. 업무처리나 부서 내부에 갈등을 유발하거나 예상치 못한 폭탄을 손 쓸 새 없이 터트리기도 한다. 이런 상황은 직장에서 비일비재하게 일어난다. 우리 회사도 예외는 아니었다. 직원 둘이 갑자기 이직을 해버렸는데 당일까지 그 누구도 알지 못했다. 나중에 알고 보니 그들의 직속 상사와 소통이 장기간 이루어지지 않았고, 입사 전부터 일찍 이직할 작정이었다고 했다. 뒤통수를 한 대 가격당한 기분이었지만 이미 끝난 일이었다. 그로 인한 피해는 오롯이 내가 감당해야 했다.

부하직원과의 활발한 소통은 거듭 강조해도 지나치지 않다. 그들의 생각을 파악하고, 현상을 유지하면서 닥쳐올 변화에 적절히 대처해야 한다. 부하직원이 가치관을 잃고 회사와 바라보는 방향이 달라졌다면 그것은 상사의 책임이다.

로버트 스티븐 캐플런은 《사람을 이끄는 힘》에서 당신과 직원 사이에 갈등이 생기는 이유는, 당신이 회사의 비전을 직원에게 제대로 전달하지 않았기 때문이라고 했다. 다시 말해, 직원은 회사의 발전 목표를 모르고 있으니 의미 없이 시간을 보내게 되고 이로 인해 갈등이 생긴다는 것이다. 그래서 훌륭한 리더는 팀을 이끌 때, 가장 먼저 회사의 비전을 직원들에게 명확히 설명해야 한다.

부하직원과의 소통에는 두 가지 핵심이 있다. 하나는 나와 회사(부서)의 현재 상태를 알리는 것이다. 이는 상사가 부하직원에게 언급해야 하는 문제이다. 직원이라면 회사의 성장이나 추진 방향을 알고 싶어 한다. 프로젝트상 대외비라 할지라도 직원을 믿고 신뢰한다면 어느 정도는 공개해야 한다. 그래야만 직원은 회사가 자신을 인정한다는 느낌을 받는다.

다른 하나는 부하직원의 상태를 알아야 한다. 당연히 부하직원이 먼저 상사에게 자신의 현재 상황을 알리고 도움을 받거나 이해를 구해야 한다. 부하직원의 신상 변동이나 이직 등 갈등 요소를 안다면 '대화'로 문제를 해결할 수 있다. 그의 생각을 바꿀 수 있다면 빠르게 바꾸고, 바꿀 수 없다면 서둘러 손실을 막아야 한다.

동료는 축구 팀원과 같다. 경기에 이기는 것이 모두의 목표이다. 목표가 다른 사람은 빠르게 트레이드하는 것도 맞다. 직장은 소꿉놀이하는 곳이 아니다. 좋은 리더는 부하직원의 상태를 파악하고 그와 회사를 위해 신속하게 조치해야 한다.

1. 부하직원과 소통하는 요령

(1) 무슨 일인가요?

용건이나 용무가 있기에 대화를 원한 것이니 본론으로 바로 들어가자.

(2) 어떻게 생각해요?

상대방의 견해를 묻고 경청하자.

(3) 어떤 조치를 취했나요?

그의 불만 사항만 듣지 말자. 그가 문제를 해결하기 위해 어떤 방법들을 시도했는지 물어야 한다. 여기서 다른 해결 방법이 나온다.

(4) 제가 도울 일이 있을까요?

도움을 요청할 때까지 기다리지 말고 먼저 물어보자. 상사에게 도움을 청하기란 쉽지 않을 때가 많다. 이를 미리 헤아려 준다면 부하직원은 고마움을 느낀다.

(5) 더 하고 싶은 이야기가 있나요?

그가 하고 싶은 말을 다 했는지 확인하고 대화를 마무리하자. 최소한 그가 안고 있는 문제는 다 해결되어야 한다. 능력만으로 일을 잘하는 것이 아니다, 무엇보다도 마음이 안정되어야 한다. 누군가 마음 터놓고 대화할 상대가 직장에 있다는 것만으로도 힘이 된다. 그 역할을 상사가 해주면 좋다.

신입사원이 팀에 합류했을 때 능력 발휘를 바로 하지 못하는 이유가 뭘까? 첫째는 새로운 환경이 낯설기 때문이고 둘째는 조직 내 보이지 않는 규칙 때문이다. 신입사원은 자신의 말이나 행동, 실력이나 재능이 어떤 역할을 할지 모르기에 신중해진다. 선배나 상사들이 포진해 있는 상황이라면 더욱 위축된다. 그래서 자신의 기량을 제대로 펼치지 못한다. 모든 직원이 각자의 능력을 발휘하도록 기회를 만들어주는 것은 리더가 해야 한다. 하지만 이 부분을 놓치는 사람들이 많다. 그러면 결국 능력 있는 직원을 놓치고, 그 직원이 다른 회사나 부서로 옮긴 뒤 물 만난 물고기처럼 업무를 수행하는 것을 보며 후회할 수밖에 없다.

그러나 부하직원과의 소통이 그리 간단한 문제가 아니다. 상황에 따라 명령이나 강압으로 느낄 수도 있다. 그뿐 아니라 편하게 대해주면 상사를 만만하게 보거나 무시하는 태도를 보이기도 한다. 그러므로 상사는 중심을 잡고 확고한 업무 태도를 보여야 한다. 만약 어떤 사원이 시간이 지날수록 업무 능력은 퇴보하고 환경에 적응하지 못해 소극적으로 변해간다면 그를 해고해야 한다. 다른 팀으로 전출이라도 보내야 부서의 분위기를 망치지 않는다. 회사는 전쟁터다. 여유 부리는 사람까지 챙길 수 없다. 사람은 당신이 상상하는 것 그 이상으로 빠르게 변한다. 자기 이익을 위해 보이지 않는 작전을 펼치기도 한다. 부하직원은 그냥 시키는 일만 하는 존재가 아니라는 말이다. 그래서 가끔 책임을 상기시키고 역할에 의미를 부여해

주어야 한다. 함께 발전해야 할 파트너이기에 동기를 부여하고 역량을 키우는 소통이 굉장히 중요하다.

2. 소통의 3단계

- **무엇을**_ 해야 할 일을 구체적으로 말하기
- **왜**_ 이 일이 중요한 이유를 납득하도록 설명하기
- **어떻게**_ 해야 하는 방법 건의하기. 명령이 아닌 건의여야 한다.

사람마다 일하는 방식이 다 다르다. 그 과정에 너무 관여하지 말자. 리더라면 "두 번 말하게 하지 마세요."라는 말을 멀리해야 한다. 필요할 땐 두 번, 아니 세 번이라도 말해주자. 세븐일레븐재팬의 CEO 스즈키 도시후미는 업무 내용을 전달할 때 상대가 정확하게 이해했는지 세 번은 확인했다고 한다.

부하직원이 찾아오지 않는다면 먼저 찾아가서 대화한다. 가볍게 밥이나 술 한잔 사면서 이야기를 나누자. 그들의 말에 귀를 기울이고 너무 내향적인 모습을 보이지 않는다. 당신이 먼저 나선다면 그들도 수동적으로 행동하지는 않는다. 특히, 평소와 다른 모습을 보이는 부하직원이 있다면 무슨 일이 있는지, 심경에 어떤 변화가 있는지 물어보고 필요하다면 도움을

주자.

대화가 많이 오가면 신뢰가 쌓인다. 가능하다면 부하직원과 밥을 먹거나 운동을 하거나 아이스크림이라도 먹으며 일 외적인 부분을 공유하는 것도 나쁘지 않다. 그에 대해 많은 것을 발견할 기회가 된다.

덧붙여 부하직원의 자존감을 높여주자. 맡은 업무의 중요성을 알려주고 어려운 일을 담당할 만큼 능력이 있다는 사실을 말해주어야 한다. 아주 간단한 말 한마디이지만 부하직원의 책임감은 높아진다. 회사에 다니면서 자신감이 충만하거나 하는 일에 아주 만족하는 직원은 별로 없다. 업무적 스트레스가 쌓일 때 상사는 위로의 손길로 부하직원의 힘을 북돋아주고 다독여줘야 한다.

그러나 대화 시간을 너무 길지 잡지는 않는다. 대화 시간이 너무 길면 대화의 주제에서 비켜나 내용이 방만해진다. 심리상담을 받아 본 사람이라면 알겠지만 상담 시간은 항상 정해져 있다. 거의 50분에서 더 길어 봤자 1시간을 넘지 않는다. 대화가 길어진다고 좋을 것은 없다. 사람의 집중력에도 한계가 있으므로 일정 시간이 초과하면 안 된다. 최대 1시간 정도로 대화 시간을 정하고 시간이 되면 먼저 대화를 마무리짓자.

3. 임금과 대우에 관한 이야기를 꺼리지 말자

리더는 임금과 직원 대우 문제에 부담을 느끼면 안 된다. 이런 문제는 빙빙 돌리지 말고 직접 이야기한다. 리더는 자신의 이익보다 회사의 이익과 동시에 직원의 이익을 도모해야 한다. 직원 승진과 임금 인상은 피할 수 없는 일이다. 부하직원이 원한다면 격려해주고 상응하는 보상을 해줘야 한다. 그래야만 그들이 회사와 리더를 위해 일한다. 직설적으로 발언하자면 월급에 자극받아 열심히 일하는 직원의 관리가 가장 편하다.

승진과 임금 협상,
퇴사하는 법

승진과 임금 협상, 퇴사 문제는 직장인이라면 하루에도 열 두 번도 더 생각하는 문제이다. 우선 승진 협상과 임금 인상에 관련된 소통 법칙을 알아보자.

리더에게 이 두 가지 제안을 꺼내기란 굉장히 어려운 일이다. 눈에 띄는 실적과 성과가 있다면 승진과 임금 인상 요구가 자연스럽다. 그렇지 않다면 말을 꺼내기 어려운데 그렇다고 리더의 처분만 바라보고 있으면 안 된다. 자기 업무량이나 일에 들인 노력과 시간이 현재 받는 임금보다 더 우위에 있다면 이를 인정받기 위해 리더와 협상해야 한다.

1. 자신의 가치를 내세우자

매주 혹은 매달 자신의 성과를 서식으로 정리해둔다. 이는 한두 달 혹은 1~2년 모아두면 체계적 자료가 된다. 이 자료로 자신이 무엇을 했고 어떤 가치를 지니고 있는지 알려줄 수 있다. 지혜로운 사장은 당신이 대체 불가한 존재라는 것을 알고 승진과 임금 인상에 적극적으로 임할 것이다.

자신의 가치를 사장에게 알리는 것 외에 자신의 시장 가치를 아는 것도 중요하다. 시장 가치란 자신이 속해 있는 회사를 떠났을 때 같은 분야에서의 가치를 말한다. 평생 한 회사에서 일한다는 보장은 없지 않은가. 사장과 협상할 때는 자신의 시장 가치를 전제로 깔아야 한다. 그래야 사장의 인색한 요구를 들었을 때 시원하게 뒤돌아나갈 수 있다.

자신의 가치는 월급뿐 아니라 휴가나 복지, 지분과도 관련돼 있다. 《무엇을 주고 어떻게 받을 것인가Art of Negotiation, the (Brilliance): How to Improvise Agreement in a Chaotic World》의 저자 마이클 윌러Michael Wheeler는 담판을 위해서는 등가 거래를 해야 한다고 말했다.

등가 거래란 자신의 가치에 그만한 대가를 받아야 한다는 것이다. 이것이 공평한 거래다. 특히 임금 협상에서 직장인은 을의 위치가 되기에 자신의 역량이나 가치를 과소평가하는 경향이 있다. 그로 인해 협상이 끝나도 만족스럽지 못하다.

《무엇을 주고 어떻게 받을 것인가》는 협상의 과정을 강조한다. 예를 들어 당신이 연봉 1억을 요구했을 때 사장이 그렇게 많이는 못 준다고 말하면 그대로 포기할 것인가? 아니다. 만약 상대방이 당신의 임금 기준을 만족시킬 수 없다면, 당신은 대신 어떤 보상을 요청함으로 그 기준을 채울 수 있을지 생각해야 한다. 더 많은 복지 제공이나 휴가 제공 등 금전적 인상 외에 복지 차원의 요구도 가능하다.

*** 3가지의 등가 거래**

A : 연봉 1억과 지금과 같은 복지

B : 연봉 9천만 원과 지금과 같은 복지 + 인센티브

C : 인센티브나 복지 없이 연봉 1억 2천

자신을 냉정하게 평가해보자. 시장에서 본인의 가치가 얼마나 되는지 자신에게 따져 물어야 한다. 그 뒤에 협상에 임해야 자기 의견을 정확하게 제시할 수 있다. 임금 인상을 요구하는 이유가 무엇인지 말하고 자신의 업무 성적과 회사와 함께 걸어온 과거, 또 앞으로 바라보는 전망을 이야기한다.

개인적인 사정으로 임금 인상을 요구하지는 않아야 한다.

세상에는 사연 없는 사람 하나도 없다. 오히려 상대방이 더 힘든 상황에 놓여 있을 수도 있다. 당신은 일하러 온 것이지, 시주받으러 온 것이 아니다. 손에 쥔 다른 패로 사장을 협박하는 것은 더더욱 안 된다. 다른 회사에서 스카우트 제안을 받았더라도 절대 그것으로 사장과 흥정을 하면 안 된다. 다른 사람의 임금을 들먹이지도 말아야 한다. 직원들 개개인의 연봉은 비밀에 부치는 것이 맞다. 나는 임금이 인상되는 경우를 여러 번 보았는데 한 가지 결론을 얻었다. 사장이 월급을 올려주는 이유는 단 하나 직원의 사정이 아닌 직원의 가치이다. 직장에서는 그 누구도 남의 형편에 관심을 가지지 않는다.

2. 사장에게 직접 이야기하자

인사부 사람 100명한테 말하는 것보다 사장에게 직접 말하는 것이 가장 효과적이다. 이유는 간단하다. 거치는 사람이 적을수록 전달력은 강해지기 때문이다. 자신의 요구가 와전되는 것도 방지할 수 있다.

3. 정확한 숫자를 말하자

임금 인상을 요구할 때는 구체적인 숫자를 말하거나 범위를 말해야 한다.

"월급 500만 원을 받고 싶습니다. 안 된다면 최소 450만 원은 받고 싶습니다."

범위가 너무 넓어서도 안 되고 처음부터 낮은 금액을 불러서도 안 된다. "500만 원이 안 되면 300만 원도 좋습니다."라고 말하는 것은 어리석은 일이다. 사장이라면 당연히 300만 원을 택한다. 연구 결과, 임금 협상 시 구체적인 숫자를 말한 직원이 성공할 확률이 더 높았다. 충분히 고민하고 준비해온 것처럼 보여야 한다.

4. 미리 연습하자

집에서 수업 준비를 해오지 않은 교사는 수업시간에 놓치고 넘어가는 부분이 생길 수 있어 학생들에게 지식을 제대로 전달하지 못할 수 있다. 그러므로 임금 협상 전에 연습이 필요하다. 우선 사장이 어떤 질문을 할지 예상하고 최대한 많은 답변을 준비해야 한다. 그 질문에 어떻게 대답을 할지 꼼꼼하게 준비하면 된다. 가족들에게 고집 센 사장 역할을 해달라고 부탁해도 좋다. 충분히 연습해야 사장과 협상할 준비가 완벽하게 된다.

5. 알맞은 타이밍 잡기

다니엘 핑크는 《언제 할 것인가》에서 병원 진료는 반드시 오전에 받아야 한다고 말했다. 임금 협상이나 면접을 봐야 한다면 되도록 이 또한 오전에 처리하자. 사람의 정신과 마음은 오전에 비교적 더 맑고 개방적이다. 월요일이나 금요일은 피한다. 월요일은 회의가 많고 비교적 바쁜 요일이다. 금요일은 사람이 좀 지치고 쉬고 싶어지는 요일이다. 베스트는 수요일과 목요일 오전이다. 찾아가기 전에 미리 약속을 잡는 것을 잊지 말자.

6. 이제 퇴사를 이야기할 차례다.

퇴사의 이유는 다양하다. 이직을 위한 퇴사가 대부분이지만 직장 내 갈등이나 임금 문제가 차지하는 비율도 높다. 하지만 퇴사한다면 그 이유를 말로 꺼내지 않는다. "제가 상처를 받아서요."라든가 "월급이 적어서요."라고 표출하는 것은 자신을 어리숙한 사람으로 만든다. 다른 일을 해야 한다든지, 유학이나 이사를 가게 됐다는지 등 무궁무진한 핑계를 찾아보자. 개인 사정을 원인으로 하는 것이 제일 낫다. 사내 갈등이 있었더라도 다른 사람의 잘못을 들추지는 않는다. 교사가 IT업계로 전향하는 것처럼 아예 다른 업계로 옮기게 되는 경우에는 과감하게 밝혀도 된다. 회사가 원한다면 후임자 추천과 인수인계, 필요하면 좀 더 퇴사일을 늦출 수도 있다는 예의를 갖춘다. 그리고 퇴사하는 마지막 날에는 반드시 그 주변 사람들에게 감사를 전하자. 이렇게 하면 성의를 다한 사람이 되고 좋은 인상을 남길 수 있다.

어떤 사람들은 퇴사하며 조직원들의 기분을 망치고 가기도 한다. 마지막 순간까지 회사에 대한 악담은 삼가야 한다. 알 사람들은 다 안다. 그러니 굳이 내 입으로 언급하지 않아도 된다. 혹 사장이 사직을 다시 한번 고려해보라고 한다면 정중히 거절하면 된다.

"이미 충분히 고려한 후 내린 결정입니다. 나중에 다시 함께 일할 기회가 생기면 좋겠습니다."

포용적인 리더라면 회사에 건의할 사항이 있냐고 물어본다. 예의상 묻는 것일 수도 있고 사내의 문제점을 파악하려는 의도일 수도 있다. 그러나 이 물음에는 대답하지 않는 것이 좋다. 회사를 그만두는 시점에서 잘잘못을 따지거나 불만을 토로해서 자신에게 이득이 되지 않는다.

퇴사를 결정할 때 단순히 현재 임금의 불만족이나 처우 문제가 우선되어서는 안 된다. 회사의 성장 가능성이 크거나 리더가 존경받을 마인드를 가지고 있다면 회사를 신뢰하라. 만약 이직하는 경우라면 확실히 결정된 뒤 퇴사한다. 성급하게 서두르면 안 된다. 절대 현재 있는 곳을 홀대해선 안 된다. 마지막까지 예의를 지켜야 한다.

퇴사할 때 부서 사람들과 아쉬움을 전할 자리를 마련하자. 유학을 위해서나 공부를 더 하기 위해서 퇴사하는 거라면 다들 기분 좋게 이별할 수 있다. 서로 성장을 기원해주고 덕담을 건네는 자리가 된다. 만일 경쟁 회사로 이직하는 것이거나 아직 진로를 확실히 정하지 못했다면 소수의 친한 동료들과 자리를 마련하는 것도 좋다. 그들과 고민을 토로하며 사회적 관계를 형성해 서로 도움을 주고받는 유대감을 키울 수 있다. 퇴사 후, 가끔 과일이나 음료를 들고 찾아가서 대화도 나누며 관계를 유지하는 것도 좋은 방법이다. 인간관계는 사회적 자원이라는 것을 명심해야 한다.

《삼국지연의》에 나오는 이야기를 보자. 관우가 유비와 흩어지고 조조에게 항복했다. 후에 유비의 소식을 들은 관우는 조조를 떠나기로 결심한다. 이 상황을 퇴사와 연결해 관우가 어떻게 했는지 살펴보자.

관우는 떠날 결심을 굳힌 뒤 조조와 원소의 전투에서 조조를 위해 원소의 장수 안량과 문추를 죽인다. 이후 떠나겠다는 의지를 밝히고 어느 날 조용히 떠난다. 이 과정은 퇴사의 모범 답안이다.

(1) 적절한 시기

경제적인 문제를 제외한 이직 시기는 맡은 임무를 완수하고 공로를 세운 후 하는 것이 제일 적절하다. 이때 회사가 흑자를 내고 있다면 모두 아쉬워한다.

(2) 상대가 거절할 수 없는 이유

퇴사의 이유는 반드시 주동적이어야 한다. 관우의 이유는 매우 간단했다, 바로 충성심이다. 아무리 조조가 만류해도 관우의 충성심은 어찌할 수 없었던 것처럼, 현실에서도 다를 것 없다. 퇴사를 위한 자신만의 확고한 이유가 뒷받침되어야 한다.

(3) 정확한 전달 대상

관우가 조조에게만 의사를 전달하고 떠났던 것처럼, 동료나 주변 사람들에게 먼저 말하지 말고 바로 상관에게 말하자. 다른 사람에 의해 퇴사하겠다는 의지가 상사에게 전달되어서는 안 된다.

(4) 조용히 떠나기

관우는 자신이 떠나는 것을 소문내지 않았다. 아무 일도 일으키지 않고 소리도 없이 뒷모습과 미래에 대한 동경만을 남기고 떠났다. 가능하다면 응원을 받으며 퇴사해야 앞날을 축복받는다. 지난 회사생활을 되돌아보며 미련을 버리고 자신의 가능성을 믿자.

(5) 옛정을 남기기

시간이 흐르고 적벽대전 당시 관우와 조조가 화용도에서 마주쳤을 때, 관우는 옛정을 보아 조조를 죽이지 않았다. 이로써 그는 완벽한 퇴사를 이루었다. 이 사건 이후 모두가 관우를 본받으려 했다.

관우와 상반되는 퇴사의 양상을 보여준 여포를 보자. 여포는 왜 결국 죽임을 당했을까? 하비성에서 조조에게 항복한 여포는 목숨을 부지할 수도 있었지만, 유비의 "동탁과 정원의 일을 잊은 것인가요?"라는 말 한마디가 그를 죽였다.

그렇다. 전 상관을 배신한 자를 누가 채용하려 하겠는가?

사교를 위한 매력적인 말하기

모든 관계에는 등가 교환 법칙이 적용된다는 '불필요한 사교 포기하기'라는 내 글이 화제가 된 적이 있었다. 그러나 이 말이 널리 퍼지면서 의미가 변색된 것 같아 다시 한번 정리하려고 한다. 사교 모임에는 크게 세 부류로 나뉜다.

첫째는 이익을 추구하는 무리다. 직장처럼 실용 가치를 교환하는 집단이다. 이 사교 집단에서는 개인적 감정을 이야기할 필요가 없다. 해도 무방하지만 안 하면 더 좋다. 나중에 개인적 감정이 타인에 의해 공격용 무기로 변할 수 있기 때문이다. 둘째는 개인적인 정으로 이루어진 사교 집단이다. 단순히 이익만을 교환하는 사이가 아니라 가족이나 친구처럼 정으로 함께 하고 정으로 도와주는 관계다. 셋째는 마음을 나누는 무리다. 이 관계는 이익을 교환하는 차원을 넘어 서로의 가치관을 공유하고 인정하는 관계다. 이 안에서는 서로 위안이 되고 응원을 받는다. 사회적 신분이나 경제적 능력이 배제되고 오롯이 마음을 나누는 관계가 조성된다.

직장 내 사교는 이익을 추구하는 모임에 가깝다. 교환할 가치가 클수록 사람들이 먼저 다가오는 경우가 많다. 당신이 내성적이라도 사람들이 먼저 당신에게 말을 걸어온다. 개인적으로 어떤 감정이 있어서가 아니라 단지 자신과 연결된 일, 상황, 경쟁 관계가 그렇게 하도록 유도한 것이다. 정보를 얻으려는 의도가 있을 때가 많다. 그로 인해 냉정하고 이성적 관계가 되지 않을까 걱정할 필요는 없다. 당신의 상황이 어려워져도 교환 가치가 있다고 판단되면 사람들이 나서서 도와준다. 운으로 이룬 것이 아니라면 금방 다시 일어설 것을 사람들이 알기 때문이다.

효과적인 인맥을 만들려면 첫 번째 스텝으로 자신의 가치를 높여야 한다. 남는 시간에 기술을 익히고 연습해서 어느 한 분야의 전문가가 되어보자. 두 번째 스텝은 타인과 정보를 교환할 기회를 늘리는 것이다. 자신의 가치를 인정받을 가장 합당한 집단을 찾아서 들어가자. 작가가 글을 잘 쓰는 것만으로는 부족하다. 작가 협회에 들어가거나 SNS에서 동종 업계 사람들과 교류해야 한다. 그 외 다른 방법들로 기회를 늘려야 한다. 하지만 자신이 교환 가치를 가진 전제하에 무리에 들어가야 한다는 사실을 반드시 기억한다. 교환 가치가 없는 상태에서는 그 어떤 사교도 쓸모없다. 시간 낭비하는 것밖에 안 된다. 유명인과 맞팔했다고 좋아할 필요 없다. 당신이 준비되어 있지 않다면 형식적인 관계일 뿐이다. 그가 당신을 찾도록 자신을 만들어야 한다.

미국의 소통 전문가 카렌 버그Karen Berg는 《아주 이해하기 쉽게Loud & Clear》에서 효과적인 사교란 타인과 매끄럽게 소통하고 갑작스러운 문제에도 유연히 대처하는 것, 자신의 요구로 본인에게 더 나은 사회적 관계를 만드는 것이라고 정의했다.

직장 내 사교는 중요하다. 순조로운 업무처리와 정보를 얻는 길이다. 효과적인 사교를 위해 준비할 점을 알아보자.

1. 만나서 대화하기

온라인에서는 신나게 떠들면서 현실 대면에서는 어떻게 대화를 이끌어야 하는지 모르는 사람들이 점점 늘고 있다.

특히 젊은이들 사이에서는 더욱 그렇다. 온라인 수업에서는 활발하게 떠들던 학생들이 만나기만 하면 그렇게 조용할 수가 없다.

얼굴을 보고 이야기하는 것은 굉장히 중요하다. 표정과 말투에는 문자에서 얻을 수 없는 많은 정보가 들어있다. 그 정보들은 상대의 마음에 문자보다 더 깊게 스며든다. 인터넷이 아무리 발전해도 일부러 시간을 내 만나는 데는 이유가 있다.

2. 상대방의 필요 알아내기

대화하기 전에 상대방에게 정말 필요로 하는 것이 무엇인지, 관심 분야는 무엇인지 알아보자. 이것이 효과적인 사교를 위한 가장 유용한 원칙이다.

내가 다녔던 직장에서 결의 대회를 연 적이 있었다. 사장은 앞으로 회사가 대단한 일을 할 것이니 많은 지지를 바란다고 연설했다. 연설이 끝난 후 도대체 그 대단한 일이 나와 무슨 관계가 있는지 전혀 알 수 없었다. 주위에 있던 사람들도 모두 사장의 말에 반응을 보이지 않았다. 그저 일상적으로 하는 말이라고 판단했다. 구체적이지 않고 모호했던 대단한 일이 사장에게는 중요했지만, 직원에게는 아무 의미 없는 일이 되어버린 것이다.

《아주 이해하기 쉽게》에는 'WIIFM'이 소개되어 있다. "What is in it for me?"의 약자로 "나와 무슨 상관인데?"라는 뜻이다. 대화는 상대가 자기 일처럼 받아들이도록 이끌어야 한다. 이를 위해 대화 내용에 세 가지 사항을 포함시키자.

- **이름**_ 이름을 불러서 상대방이 참여하고자 하는 마음을 끌어올린다.
- **장애물**_ 상대방이 어떤 어려움을 만났는지 알아본다.
- **동력**_ 무엇이 상대방을 움직이게 하는지 알아본다.

물론 이 양식으로 모든 문제를 해결할 수는 없다. 하지만 최소한 말을 꺼내기 전에 상대의 입장에서 이 모임을 생각해보고 자신의 마음 상태와 전략을 정리할 수 있다. 그러면 어떤 말을 건넬지 감이 올 것이다.

3. 핵심 정보 + 근거

학기 말 수업을 종강하며 한 학생에게 가장 기억에 남는 내용이 무엇인지 물어보았다. 나는 당연히 영어 지식과 관련된 것일 줄 알았는데 수업시간에 했던 유머가 기억난다고 했다. 나는 한 학기 동안 유머밖에 남기지 못했다는 사실에 자책하면서 죄책감까지 들었다. 그 문제의 요인이 어디에 있고 무엇이 잘못되었는지 따져보지 않을 수 없었다.

온갖 정보가 만연하는 요즘, 우리가 전달하는 메시지를 상대방이 흡수하고 이해하는 데에는 한계가 있다. 더 심각한 것은 상대방이 내 말을 기억하지 못하거나 완전히 이해하지 못했을 경우, 상대방은 메시지를 자기만의 버전으로 만들어 왜곡시킬 수 있다. 마치 내 영어 수업이 그냥 유머 수업이 된 것처럼 말이다.

예능 프로그램에 나오는 말 전달 게임을 생각해보자. 전달해야 하는 말이 한 문단이면 마지막엔 완전히 다른 말이 되어버린다. 그렇지만 만약 한 단어만 전달한다면 끝까지 잘 전달될 가능성은 더 커진다. 이를 보면 핵심 정보를 전달할 때 쉽고 정확하게 전달하는 것이 매우 중요하다는 사실을 알 수 있다. 여기에 '핵심 정보 + 근거'의 조합으로 말을 전달하면 아주 유효하다.

우선 사교의 대화는 '핵심 정보'를 중심으로 발전되어야 한다. 핵심 정보란 당신이 전달하고자 하는 하나의 메시지이다. 이는 명료하면서도 쉬운 말로 이루어져야 한다. 사람들의 이해를 돕고 관심을 유도하는 비결이다. 자신이 언급할 문제가 정해졌다면 먼저 자신이 말하고자 하는 핵심 메시지를 적어놓고 근거를 찾자. 근거가 뒷받침되지 않으면 설득력을 잃어버린다. 신문기사나 통계 자료, 전문가의 의견을 정리한 뒤 사람들과 소통해야 한다.

카렌 버그는 《아주 이해하기 쉽게》에서 친구 제니의 이야기를 해주었다. 그래픽 디자이너 제니는 아이의 육아를 위해 재택 근무를 신청했다. 그로 인해 이메일로 매일 업무보고서를 제출해야 했다. 제니는 많은 시간을 일에 할애했지만 왠지 상사는 그것을 몰라준다는 느낌을 받았다. 실제로 상사는 그녀가 집에서 게으름을 피우는 게 아닌가 할 정도로 그녀에 대한 신뢰가 흔들리고 있었다. 제니는 이 문제로 깊은 걱정과 고민에 빠졌다. 문제의 원인은 제니가 상사에게 보낸 메일에 있었다.

첫째, 업무보고가 중구난방이고 핵심 정보가 부족했다.

둘째, "아이가 아파요."라든가 "보모가 안 왔어요."와 같은 개인적 이야기를 늘어놓았다.

셋째, 상사가 자신에게 의문을 제기할 때마다 의미 있는 해명보다 사과를 반복했다.

카렌은 업무 메일을 보낼 때 중요한 핵심 내용만 전달하고 의미 없는 사과나 변명은 그만해야 한다고 조언했다. 어느 시점이든 상사에게는 아직 완성하지 못한 일보다 이미 완성한 일을 이야기해야 유리하다. 집안사는 물론이고 일과 관련 없는 이야기는 하지 않는다. 일과 생활, 이성과 감정을 구분지어야 한다.

문제점을 안 제니는 메일에 사용된 어휘와 문장의 구성을 바꾸었다. 먼저 "나는 회사에 도움이 되는 존재다."를 '핵심 메시지'로 설정하고 그동안 성공시킨 프로젝트와 앞으로 추진할 프로젝트를 내세웠다. 그리고 할 수 있는 일과 할 수 없는 일을 명확하게 말했다. 효율적이고 명료한 단어로 자신의 의견을 전달했다.

변화된 제니의 메일을 받은 상사는 신뢰를 보내며 진행하고 있는 업무의 중요성을 다시금 강조했다. 지원도 아끼지 않겠다는 약속까지 덧붙였다. 이렇듯 핵심 정보와 논거를 중심으로 이야기를 나누면 소통은 훨씬 효과적으로 변한다.

4. 말 외의 전달 방식

대화를 나눈 후 사람들은 상대의 말투와 행동, 느낌을 기억한다. 90%가 넘는 사람들이 오직 상대방의 인상으로 중요한 결정을 내린다는 데이터가 있다. 깔끔하고 단정한 이미지는 언제 어디서든 중요하다. 외모가 잘생기고 예쁘고 안 예쁘고의 문제가 아니다. 그 사람이 풍기는 인상의 문제이다. 여기에는 말투, 행동, 표정 등 전반적으로 자신을 드러내는 언행이 모두 포함된다. 손짓 하나에 그 사람의 품격이 드러난다. 다시 말해 메시지를 전달하는 방식이 메시지의 내용보다 더 중요하며 그것을 보고 상대방이 당신의 메시지를 받아들일지 결정한다는 것이다. 물론 외모 가꾸기에 집중하여 성형하라는 말은 절대 아니다. 개인의 연기 능력을 키워야 한다는 말이다.

먼저 카메라 훈련부터 시작하자. 중요한 대화나 발표, 연설하기 전에 휴대전화 카메라를 앞에 두고 자신의 연설 모습을 녹화하면 좋다. 혼자 연습하는 것이므로 어색해하지 않아도 된다. 많은 사람 앞에서 실수하는 것보다 낫다. 이미 많은 이들이 이와 같은 과정을 거쳤다. 처음 강사가 되었을 때 나는 수업마다 강의를 녹음해 집에 와서 들어보면 어떤 점을 고쳐야 할지 알 수 있었다. 하나하나 수정해 나가니 이제는 강의를 훌륭하게 해내는 몸짓과 말투가 몸에 배었다. 이는 자신감으로 연결되어 이제는 언제 어디서든 당당하게 말할 수 있게 되었다.

그다음은 호흡 및 발성 훈련이다. 두 주먹을 가슴에 대고 힘껏 누르며 큰소리로 "아! 하! 야!"를 외치자. 끊임없이 반복해서 연습하면 발성을 하는 데 도움이 된다. 중간에 쉬지 않고

10시간 강의한다는 선생님들을 종종 만난다. 이들은 자기 목소리를 조절할 줄 알고 가슴을 사용할 줄 알았다. 그런 목소리는 듣기에도 좋고 더 많은 사람의 공감을 산다. 말을 전달하며 신뢰를 얻고 싶다면 상대와 눈을 마주쳐야 한다. 서로 연결되어 있다는 느낌을 전달하며 상대를 중요한 사람으로 인식하고 있다는 인상을 심어줄 수 있다. 뚫어지게 쳐다보라는 말이 아니다. 자연스럽게 눈을 마주치되 신뢰를 얻고 싶은 만큼 자주 마주치면 된다.

5. 대책 마련

무슨 일을 하든지 외길은 없다. 길이 하나뿐이라면 가던 길에서 중도에 포기해야 한다. 그러면 좌절하게 된다. 그러므로 자신의 의견이 받아들여지기를 원한다면 A안 외에 B안을 마련하자. 아무리 준비를 잘해도 예상치 못한 일로 인해 혼란에 빠지는 일이 생길 수 있다. 항상 최악의 상황을 미리 생각하자. 중요한 대화 전에는 상대가 어떤 반응을 보일지 예상하고 준비한다. 대책이 마련되어 있으면 당황스럽지 않다.

협상 고수들이 사용하는 말하기 전략

인터넷 서점에 '협상'이라는 글자를 입력해보면 관련 도서가 수도 없이 나온다. 하버드에서는 하나의 과목으로 지정해 가르칠 만큼 협상 자체가 광범위한 일종의 학문이다. 그래서 여기서는 협상의 기본 자세와 타결에 이르기까지 유효한 요소들을 짚어보기로 하겠다.

1. 협상이란 무엇인가?

아이 두 명이 이웃집 아주머니로부터 오렌지 하나를 받았다. 한 아이가 물었다.

"너는 이 오렌지로 뭐 할 거야?"

"나는 껍질을 으깨서 반죽에 넣은 뒤 케이크를 해 먹을 거야."

그러자 질문한 아이가 빠르게 대꾸했다.

"그럼 껍질은 너 가져. 나는 껍질 속 과일로 주스를 만들어 먹을 거야."

서로 합의점을 찾은 둘은 기분 좋게 오렌지를 나눴다.

이렇게 오렌지를 나눈 합의가 협상의 과정이다. 누가 일방적으로 양보하는 것이 아닌 서로의 욕구를 모두 충족시키는 방법을 찾는 것이다. 이기고 지는 토론이 아니라 같이 이기는 방법을 찾는 것이다. 협상은 사람 간 소통이 원활하게 이루어져야 가능하다. 협상은 어디에나 존재한다. 직장에서도, 연애와 결혼생활에서도, 물건을 살 때도 협상은 필수다.

2. 협상할 때의 태도는 어때야 할까?

협상에는 두 가지 스타일이 있다. 하나는 강경한 스타일이다. 반드시 자신의 요구대로 협의하려 한다. 다른 하나는 온화한 스타일이다. 관계 유지에 신경 쓰고 양보하며 협의하려고 한다.

사실 이 두 가지 모두 가장 좋은 방법은 아니다. 도리와 원칙에는 강경하고 상대방을 대하는 태도는 온화해야 한다. 강함과 부드러움이 적절하게 공존하는 협상이 가장 좋다. 협상은 강경한 사람의 말을 따르는 것도 관계 유지를 위해 양보하는 것도 안 된다. 서로에게 이로운 객관적 기준을 찾아야 한다. 이제 협상을 위한 몇 가지 팁을 알아보자.

(1) 일과 사람 분리하기

협상 시 사람들은 쉽게 감정을 이입한다. "내가 이만큼 했는데 너도 이 정도는 해줘야 하는 거 아니야?"라고 대놓고 제안하기도 한다. 이는 정당한 협상 방법이 아니다. 협상에 개인적 관계나 사적인 내용이 개입되어서는 안 된다. 상대방의 태도나 의견을 평가하지 말고 자기 주장이나 이유만 설명해야 한다. '비폭력 대화' 방식처럼 상대방이 어떤 질문을 하든지 그를 평가하거나 의견을 내지 말고 자기 주장에 합당한 근거를 제시하면 된다.

자기 의견에 너무 감정을 싣지는 말자. 냉정하고 객관적인 태도를 보여야 한다. 그래야만 상대가 이 협상에서 당신 의견을 받아들이는 것이 합리적이라고 판단한다. 당신은 양보했는데 상대는 그렇지 않았다고 책망해서는 안 된다.

(2) 내키지 않는 척 연기하기

미국 행정부 수석 협상 보좌관을 지낸 로건 도슨의 《협상의 비법》에 나온 기술이다. 협상 시간이 촉박하거나 한시도 지체할 수 없는 상황에 몰리더라도 느긋한 척해야 한다. 조급한 내색을 보이면 분위기는 상대에게 유리한 쪽으로 흘러갈 수 있다. 도슨이 소개한 한 사례를 보자.

부동산 재벌이었던 트럼프는 1991년 막대한 자금난에 빠져서 생모리츠 호텔을 팔아야 하는 상황이었다. 마침 이 호텔을 눈여겨보고 있던 호주 재벌 앨런 본드가 구매 의사를 밝혔다. 트럼프는 하루라도 빨리 호텔을 처분하고 싶은 마음이 굴뚝같았지만, 그의 제안을 1차 거절했다. 그후 결론부터 말하자면 트럼프는 매입 가격의 두 배 되는 가격을 받고 앨런 본드에게 호텔을 넘겼다. 트럼프가 성급하게 호텔을 팔려고 했다면 상대는 분명 헐값에 호텔을 인수하려 했을 것이다.

이것이 협상의 전략이다. 아무리 급해도 급한 티를 내서는 안 된다. 협상할 때 급한 티를 내는 것은 시작부터 지고 들어가는 것과 마찬가지다.

(3) 조건을 직접 꺼내지 않기

협상에서는 자기 생각을 적게 드러낼수록 좋다. 꼭 꺼내야 한다면 원하는 것보다 훨씬 높은 단계를 제시하자. 이게 될까 싶을 정도의 조건을 요구해야 한다. 시장에서 물건을 흥정할 때 50%를 깎고 들어가는 것과 마찬가지로 높은 조건을 꺼내 들어야 양보할 여유 공간이 생긴다. 이렇게 하면 협상이 교착 상태에 빠지는 것을 피할 수 있다. 당신이 어렵게 조건을 낮춰 협상에 협조하는 상황으로 보인다. 이렇게 상대의 심리 방어선을 깬 후, 그의 조건에 따라 협상의 한계를 정하자. 협상이 끝난 후 상대방이 자신이 이겼다고 느끼게 만들어야 성공한 협상이다.

사장과 연봉을 협상할 때도 마찬가지다. 위축되지 말고 연봉을 높게 제시한다. 그렇다고 상식 밖의 제안은 안 된다. 자신의 업무 능력을 최대한 발휘했을 때 회사에 어떤 이익이 있는지 판단하고 그에 상응하는 최상의 조건을 요구해야 한다. 높은 조건을 내걸며 자신감을 보여주고 상대방이 무의식 중에 당신을 능력 있는 사람으로 생각하게 만들어야 한다. 그러면 상대가 협상에 응하면서 흔쾌히 당신 제안을 받아줄 수도 있다. 그러므로 협상에서 너무 겸손한 것도 좋지 않다.

(4) 더 높은 존재 만들기

우리 회사에서는 내가 협상에 나서는 편이다. 협상에 임했을 때 우리의 요구대로 진행된 경우가 많기 때문이다. 한번은 거의 협상이 마무리될 무렵 상대방이 “제가 결정할 수 없는 사항입니다. 저희 대표님께 여쭤봐야 되겠습니다.”라고 말했다. 굉장히 당황스러웠다. 결정권도 없는 사람과 반나절 동안 이야기를 나눈 결과였다. 그는 우리 쪽 요구를 듣는 족족 대표에게 전화했다. 최종적으로 계약하긴 했지만 우리가 제시한 가격이 아닌 그쪽 대표가 결정한 가격으로 됐다. 며칠 뒤 그에게 대표가 없었다는 것을 알게 되었다. 협상에 임한 그가 사실상 회사의 결정권자였다. 그런데도 그는 이 방법을 사용했다. 우리는 협상 전략에서 졌다고 인정할 수밖에 없었다. 상사 핑계를 대는 것은 협상에 있어 하나의 기술이다.

협상할 때 자신에게 결정권이 없고 상급자에게 물어야 한다는 전략도 한 방법이 될 수 있다. 의도적으로 모호하고 높은 권력자를 만드는 것이다. 왜 이런 전략이 필요할까?

최종 결정권이 나에게 있다는 것을 상대가 알면 상대는 나만 설득하면 된다고 믿는다. 그로 인해 나는 더이상 물러날 곳이 없어진다. 협상할 때 상대방에게 자신의 모든 수를 보여주지 말자고 앞서 이야기했다. 가장 좋은 방법은 처음부터 상대에게 “제 권력에는 한계가 있지만, 그 안에서 최선을 다하겠습니다.”라고 말한다. 이후 난관에 부딪치면 ‘상급자’의 의견을 묻는 척하면 상대는 부담을 느낀다. 여기서 관건은 그 상급자가 모호한 존재여야 한다는 점이다.

협상의 경험이 적은 사람일수록 협상 시, 자신이 권력을 쥔 느낌으로 스스로 결정을 내리는 것을 즐긴다. 하지만 협상의 자리에서는 항상 뒤에 큰형님이 있는 것처럼 굴어야 한다. 대통령도 협상 중에는 보좌관과 의원들의 의견을 묻는다. 자신이 최고 권력자라 할지라도 반드시 모호하고 더 높은 존재를 만들어내는 것이다.

유의해야 할 점은 상대방도 이 방법을 쓴다는 사실이다. 이를 견제하기 위해서는 처음부터 상대의 권력을 의식하는 모습을 보여야 한다. "사람들은 대부분 당신의 의견을 따르지요?" 라고 협상 전에 타진해보자. 만일 상대방이 자신의 권력을 의식하고 자신에게 권한이 있다고 우쭐거릴 수도 있다. 아니면 협상을 시작할 때 "담당자 맞으시죠? 시간이 없으니 빠르게 진행하시죠!"라고 말해보자. 그래도 상대방이 상사에게 물어보겠다고 한다면 당신도 똑같이 상사에게 묻는 행동을 취하면 된다. 그러면 상대방은 자신의 방법이 통하지 않는다는 것을 깨닫는다.

(5) 문제를 잠시 내버려두기

협상이 교착 상태에 빠지면 어떻게 해야 할까? 교착 상태가 됐다는 것은 쌍방이 커다란 이견을 보였다는 것이고 그 간극이 좁혀지지 않는다는 말이다. 그래도 협상을 이어나가고 싶다면, 그 문제는 잠시 내려놓고 다른 문제부터 이야기하거나 10분 정도 쉬는 것이 좋다. 이렇게 하면 다른 방면에서 돌파구를 찾을 수 있다, 너무 한 문제에만 몰두하지 말자. 잠시 휴식을 취한다거나 식사 후 다시 이야기하는 것은 어떠냐고 제안한다.

그런데 협상을 진행할 의욕을 상대가 잃었을 때는 어떻게 해야 할까? 《협상의 비법》에서는 제3자를 끌어들여 의견을 조정함으로써 이런 문제를 해결할 수 있다고 전한다. 제3자를 끌어들여 갈등을 해소하는 것이다. 두 사람이 더 좋은 해결 방안을 찾도록 도움을 주는 존재를 등장시켜 협상을 진행하자는 뜻이므로 서로에게 득이 된다. 하지만 반드시 중립을 지키는 제3자라야 한다.

(6) 상대의 말 따라하기

상대의 말을 따라 하며 교착 상태에 빠진 협상을 진행해보자. 상대의 말을 따라 하는 것은 당신에 대한 상대의 호감을 높이는 방법이다. 사람은 자신의 몸짓과 말투를 닮은 사람을 좋아한다. 심리학자 리차드 와이즈먼은 종업원들을 대상으로 연구를 진행했다. 종업원들을 두 무리로 나눠 한팀은 "좋습니다.", "물론이죠.", "네!"와 같은 긍정하는 말로만 손님을 대하게 했다. 다른 한팀은 손님의 요구 사항을 한 번 더 따라 말하는 식으로 손님을 대하도록 했다. 결과적으로 후자가 70% 더 많은 팁을 받았다. 예를 들어 "햄버거 주세요."라고 손님이 말한다면 "네, 햄버거 드리겠습니다."라고 말하는 방식이다.

(7) 테이블 엎기

마이클 윌러의 《무엇을 주고 어떻게 받을 것인가》에 나오는 표현으로 테이블 엎기를 쉽게 볼 수 있는 곳은 시장이다. 우리가 일상 속 시장에서 하는 흥정도 다 협상이다. 별것 아닌 것처럼 보여도 쌍방은 각종 협상 기술을 사용하고 있다.

"만 원에 주세요."

"안 돼요, 만 오천 원은 줘야 해요."

"만 천 원은요?"

"만 삼천 원. 이게 진짜 최선입니다."

"만 천 원 갑시다. 돈이 없어요."

"안 돼요, 안 돼. 진짜 남는 게 없다니까 그러네."

"그럼 어쩔 수 없네요."(뒤돌아 나가려 한다)

"잠깐, 알겠어요, 알겠어. 가져가요 만 천 원에."

안 사는 척하며 협상을 결렬하려는 방법이 '테이블 엎기'이다. 전략이기에 연기력이 필요하다. 당신이 몸을 돌려 나가려 하는 그 몇 초 사이, 판매자는 당신이 진짜 포기하려 하는 것인지, 당신이 부른 가격이 흥정할 만한 가격인지 판단한다. 고민 끝에 당신을 불러 세운다면 축하한다. 연기 능력이 괜찮았다는 뜻이고 원하는 가격에 물건을 얻을 수 있다는 말이다. 만일 연기인 것이 티가 난다면 상대방에게 휘둘릴 수 있으니 조심하자.

(8) 상대를 축하해주며 마무리하기

협상을 마무리할 때는 반드시 이긴 것을 축하한다고 상대방에게 말해주자. 상대가 능력 발휘를 못 했더라도 "대단해요, 협상을 너무 잘하시네요, 당신이 이겼어요. 정말 많이 배우고 갑니다."라고 말해야 한다.

간결하고 힘 있는 말하기는 일종의 예술과 같다.
말을 반복하고 또 반복하는 사람은 뇌가 퇴화되는 중이 아닌 이상
영향력이 미미한 사람이다.

소통전문가 닉 모건

PART
3

사고를 리드하는 연설에 주목하라

여러 사람의 시선이 집중되는 무대 위 연설은 전문가도 긴장한다. 완벽하게 준비해야 한다. 일부러 시간을 내 강연을 들으러 온 사람들에 대한 최소한의 예의이다. 원고를 작성하고 충분히 연습하자. 무대 위의 한 번의 실수는 전문성을 깎아 먹는다. 청중 앞에서는 전달하려는 주제로 편안하게 대화한다는 느낌으로 임해야 한다. 최고의 연설은 진심을 담은 진솔한 연설이다.

지식을 공유할 수 있는 교류에 시간을 할애하라

현명한 사람과의 소통은 하나의 도전이고 자신을 성장시키는 일이다. 그의 정보와 지식, 사회적 문제를 보는 현안을 배울 수 있어 더불어 똑똑한 사람이 될 가능성이 크다. 하지만 매일 그들과 소통할 수는 없다. 그 대안으로 좋은 방법이 책 읽기다. 책은 언제든지 읽을 수 있고 책 속에서 지혜로운 자. 현명한 자, 똑똑한 사람의 생각을 계속 엿볼 수 있다. 혼자 책 읽기가 안 된다면 독서 모임에 참여해보자.

내가 참여하는 독서 모임에는 말솜씨가 좋고 지혜로운 친구들이 많이 있다. 어느 날, 독서 모임의 한 친구가 저녁을 사기로 해 모두 식당에 모였다. 30분을 넘게 기다려도 음식이 나오질 않았다. 이 친구가 음식을 미리 시켜놓는다는 것을 잊은 듯했다. 하지만 대놓고 음식 아직 안 시켰냐고 물어볼 분위기가 아니어서 가만히 있었다. 그때 한 친구가 젓가락질하면서 "오, 이 집 고기볶음 훌륭한데!"라고 했다. 처음에는 빈 식탁을 보며 모두 갸우뚱했지만, 이내 그의 의도를 파악하고 "이야, 진짜 맛있네, 근데 덜 매웠으면 더 좋았을 텐데!"라고 동조했다. 그러자 초대한 친구는 서둘러 종업원을 불러 음식을 주문했다. 이런 식으로 우리는 먹고 싶은 메뉴와 매운 것을 못 먹는다는 정보, 그리고 음식을 주문하라는 요구까지 전달할 수 있었다. 이 방법이 늘 통하는 것은 아니다. 후에 다른 사람들과 회식 자리에 갔는데, 지난번과 같은 상황이 벌어졌다. 나는 그때 같은 방법으로 "이야, 이 집 오리요리 잘하네!"라고 했다. 그러자 어느 한 친구가 불쑥 말했다. "무슨 소리야, 오리요리가 어디 있는데?"라고 했다. 나는 민망해서 얼른 젓가락을 내려놓았다.

같은 상황이었음에도 다른 결과가 나온 것은 말의 의도를 이해하고 호응하는 정도가 달랐기 때문이다. 그러므로 상황에 맞춰 말을 꺼낸 사람과 함께 있을 때는 그의 의중을 알아채고 반응을 보여야 한다. 여기 누구와 대화하더라도 변함없이 적용되는 말하기의 규칙이 있다.

첫째, 입장 바꿔 생각하기

둘째, 동시에 변화를 받아들이기

'입장 바꿔 생각하기'를 계속 강조하는 이유는 이것이 대화의 제1요소이기 때문이다. 언젠가 인기 극작가 친구와 광둥에 출장을 간 적이 있었다. 일을 마치고 출판사 측에서 저녁 식사를 하자고 연락이 왔다. 같은 날 그 지역 영화사에서도 함께 저녁을 먹자고 했다. 따로 시간을 낼 형편이 아니라 양측에 양해를 구하고 다 같이 식사를 하게 되었다. 어색하긴 했지만 그래도 대본과 글이라는 소재로 함께 대화를 나눴다. 유일하게 영화사 사장한테만 말을 걸 수가 없었다. 그분 혼자만 광둥어를 썼기 때문이다. 우리가 말할 때는 그가 우리 말을 알아는 듣는 건지 알 수 없었다. 그가 말할 때는 혼자 무슨 말을 그렇게 신나게 하는지 아무도 알 수 없었다. 다행히 극작가 친구가 그 사장과 재미있게 대화를 간간이 나눴다. 다음날 친구에게 광둥어는 또 언제 배웠냐고 물어보았다.

"응? 배운 적 없는데? 전혀 알아듣지 못했어."

친구의 대답에 나는 할 말을 잃었다. 그럼 어떻게 대화를 했냐고 물었다. 그는 사장이 무슨 말을 하든 미소 한번 짓고 그냥 자기 이야기를 했다고 말했다. 그래도 대화가 되느냐고 물었더니 질문을 하지 말고 서로의 말에 긍정해주면 가능하다고 했다. 생각해보니 우리가 말을 한다는 의미는 누군가와 소통하며 공감을 얻고 싶기 때문이다. 그렇다면 상대의 말에 고개를 끄덕여주고 미소를 짓는 것만으로도 대화가 될 수 있다. 생각보다 많은 사람이 이 기술을 쓰고 있다.

친해지고 싶은 사람이 있다면 자신이 듣고 싶은 말을 떠올리자. 그리고 그에게 다가가 자신이 듣고 싶은 말 그대로 "옷 색깔이 멋스럽네요!"라고 말해보자. 그 사람은 분명 미소지을 것이다. 자연스러운 말 걸기가 답이다. 그렇게 말문이 트이면 그는 "그런가요? 고마워요. 신경 써서 고른 옷입니다."라고 대화가 시작되고 이어진다. 두 사람의 말 중간에는 숨겨진 언어 '미소'가 있다. 귀로 듣는 언어 외에 더 중요한 언어는 바로 마음의 소리이다. 미소나 그 외의 표정, 몸짓까지 모두 마음의 소리 중 하나다. 서로 다른 언어를 써도 소통할 수 있는 언어가 많이 있다.

캐롤라인 타가트의 《대화의 기술에 대한 레이디십 가이드》에 나오는 한 사례이다. 소개팅을 나간 친구가 어색한 분위기를 깨려고 먼저 상대에게 말을 걸었다. "어디서 왔어요?"라고 묻자 상대는 마치 취조받는 듯 허둥지둥 지명을 말하더니 입을 닫아버렸다. 더 자세히 물어보는 것은 실례라고 생각해서 다른 질문으로 무슨 일을 하는지 물어보았고 상대는 또 간단히 몇 글자 이야기하고는 다시 침묵했다. 그렇게 둘은 대화는 끝나버렸다. 이런 어색한 분위기는 정말이지 사람을 고통스럽게 만든다. 둘 중 누가 말을 잘못하는 것일까?

처음 보는 이성을 만났을 때, 인사말을 나누고 시시콜콜한 잡담을 나누는 것은 상대를 알 수 있는 절호의 기회이다. 절대 시간 낭비가 아니다. 어떤 질문을 받았을 때, 대답 뒤에 "당신은?" 혹은 "○○씨는요?"라고 한 마디만 붙여도 대화는 이어진다. 먼저 질문하는 사람도 자신이 그 질문을 받기를 기대하고 있을 수 있다.

대화를 잘 이끄는 사람과 만나면 한사람이 일방적으로 떠들거나 서로 할 말이 없는 어색한 상황이 되지 않는다. 대화를 리드하면서 상대에게 말할 기회를 주기 때문인데 소통의 고수들은 입장을 바꿔 생각하며 상대를 배려할 줄 안다. 그들은 상대에게 무엇이 필요한지 생각하고 상대를 편안하고 재미있게 해주기 위해 노력하는 역지사지 자세를 가졌다.

말에는 생각보다 많은 정보가 들어 있다. 말하는 것을 배우기 전에 잘 듣는 것부터 배워야 하는 이유다. 비가 오는 날에 상대방이 "비가 오니 정원의 식물들이 잘 자라겠네요."라고 말한다면, 상대에게 원예나 식물에 관심이 있는지 물어보면 된다. 식물에 관심이 없다면 비와 식물을 연관짓지 않는다. 누구든지 관심이 있는 부분에 눈길이 가고 거기서 생각을 끌어낸다. 그러므로 상대와 유대감을 형성하고 싶다면 그가 하는 사소한 말 한마디도 놓쳐서는 안 된다.

만일 누군가 "일할 때 안 그래도 처지는데 비까지 내리니까 더 그렇네요."라고 말한다면 일에 대한 불평을 알아채고 그와 같이 업무의 어려움을 이야기하거나 힘든 점에 공감을 표해주면 된다. 상대의 말을 듣고 그 속에서 화제를 불러내 이야기를 해나가면 더 많은 정보를 얻을 수 있다.

《셜록홈즈 전집》에서 셜록은 왓슨을 처음 만났을 때, 그를 몇 번 만나지도 않고 그가 아프가니스탄에서 돌아온 것을 알아차렸다. 셜록처럼 깊은 통찰력은 없더라도 상대의 말에서 무언가를 알아챌 수 있다. 사람은 대부분 자신과 관련된 이야기를 하기 때문이다. 이후 상대방과 할 말이 다 떨어졌다고 해도 조급해하지 말자. 그럴 때 유용한 다음 세 가지 방법을 사용하면 된다.

1. 외적인 부분에서 주제 찾기

처음 만나 대화의 주제를 정할 수 없다면 외적인 부분, 눈에 띄는 상황을 이야기하자. 의상이나 가방, 신발, 액세서리, 화장 등. 개인의 취향이 반영된 부분이므로 개성이나 감각을 칭찬해주면 상대는 마음을 훨씬 빨리 연다. 단, "요즘 유행이지요.", "색이 특이하네요.", "사용하기 불편할 것 같아요."라며 비판하면 안 된다. 존중만이 답이다.

사는 지역이나 고향을 묻는 것도 좋은 방법이다. 그 지역에 대한 정보가 있다면 친숙하게 다가설 수 있다. 특산물이나 관광지, 맛집 등 그 지역의 자랑거리를 언급하면 상대가 좋아한다. 그는 그것에 대해 잘 알고 있을 것이다. 그러므로 그에게 말할 기회를 주는 셈이니 대화를 유쾌하게 이끌 수 있다. 덧붙여 "저도 꼭 가 보고 싶네요."라고 한다면 금상첨화이다. 물론 이런 대화를 위해서는 지리에 약간의 지식이 필요하다. 다만, "거기 너무 덥지 않아요?", "사람들은 친절한가요?"라는 상대를 불쾌하게 만드는 질문은 하지 않는 것이 좋다.

2. 개방적인 주제 선택하기

'폐쇄'라는 단어는 닫혀 있다는 뜻이다. 대화를 이어가도록 열어두지 않고 말문을 닫게 만드는 대화 방법이다. 단어의 어감이 주는 답답함의 이미지처럼 폐쇄적 대화는 사람의 말문을 막아버린다. 폐쇄적 주제란 "미국에 가봤어요?", "영어 좋아하세요?", "운동 좋아하세요?"와 같이 대답의 선택지가 단답형이거나 한두 개뿐인 주제를 말한다. 물론 이런 폐쇄적인 주제가 쓰이는 상황이 있기는 하다. 상대방이 선택을 주저할 때나 말하지 않으려 할 때는 이런 질문도 용이하다. 하지만 그가 더 많은 말을 하기를 바라거나, 좀 더 깊은 대화를 하고 싶다면 개방적인 주제를 선택해야 한다. "날씨가 정말 좋네요, 그렇죠?"라고 말한다면 돌아오는 대답은 네, 아니오 둘 중 하나이다. 똑같은 인사말이지만 방식을 바꿔 해보자. "오늘 날씨가 정말 좋네요. 이런 날은 뭐하고 싶으세요?"라고 말하면, 자연스레 대화는 축구나 운동, 혹은 개인 취미의 영역으로까지 발전될 수 있다.

개방적 질문은 소통의 열쇠다. 만일 당신이 교사라면 수업시간에 학생들에게 최대한 개방적인 질문을 던져서 학생들이 더 많이 사고할 수 있게 하자.

3. 만능 질문 준비하기

여가는 무얼 하며 보내는지, 최근에 무슨 책을 읽었는지, 요즘 재미있는 일은 무엇인지, 놀러 가기 좋은 곳은 어디인지,

추천할 만한 영화는 없는지 같은 질문은 대화의 중점을 상대에게 넘겨 상대방이 자기 이야기를 하도록 부추긴다. 누구든 자기 생각과 경험을 드러낼 기회를 좋아한다. 자신에게 의견을 구한다는 생각에 최선을 다해 대답해준다. 상대방은 당신과 대화하는 것이 즐겁다고 느끼고 자연스레 '이 사람 참 흥미롭네.'라는 생각을 가지게 된다.

결혼한 지 몇 년 된 부부가 있었다. 남편에게 왜 그렇게 아내를 좋아하는지, 왜 그녀와 결혼했는지 물어보았다. 그는 아내와 대화가 잘 통해서 그렇다고 대답했다. 시간이 좀 흐른 뒤, 아내에게 남편의 대답을 전해주었다. 그러자 무슨 대화가 통하냐면서 처음 만났을 때부터 그 사람은 자기 이야기만 했고 자신은 그저 질문하고 고개만 끄덕였을 뿐이라고 말했다. 그녀는 자신을 드러내기 좋아하는 남편에게 말할 기회를 준 것이라고 했다. 만능 질문으로 상대방의 호감을 사고 그의 이야기보따리를 풀도록 유도한 것이다. 이렇듯 좋은 질문은 소통의 효과를 두 배 이상으로 늘린다.

질문이
효과적인 대화를 이끈다

대화를 이끌기 위해서는 질문을 능숙하게 할 줄 알아야 한다. 질문이 상대와 동등하게 교류할 기회를 준다. TV에 나오는 MC들을 보자. 그들은 대중에게 말을 잘하는 사람으로 여겨진다. 그들이 정상의 자리까지 성장해온 과정을 살펴보면 타인과 소통하는 요령을 배울 수 있다.

중국전매대학 방송진행과에서 제일 중요한 과목은 인터뷰 수업이다. 합리적으로 질문하고 상대가 편하게 대답하도록 하는 것이 인터뷰의 목적이다. 상대가 원하는 질문, 말하고 싶어하는 요소를 질문하면 상대와 장시간 대화할 수 있다. 적어도 상대를 어색하게 만들거나 대화를 얼어붙게 하지는 않는다.

자신이 정말 질문할 줄 아는지 한번 돌이켜보자. 학창 시절 선생님에게 질문할 때 문제를 미리 정리해서 질문하여 바로 답변을 받는 학생이 있다. 반면에 자기 이야기를 생각 없이 하다가 마지막에는 무엇을 물어보려 했는지조차 잊어서 선생을 당황하게 하고 도움도 받지 못한 학생도 있다.

좋은 질문은 복잡한 일도 간단하게 만든다. 좋지 않은 질문은 간단한 일조차 복잡하게 만들어 버린다. 이 속에는 미묘한 차이가 있다.

1. 자신이 묻고자 하는 것 확실하게 하기

훈련을 거쳤는데도 질문하는 과정에서 사람을 화나게 만드는 MC가 있다. 2009년도에 작가 이중톈은 방송에서 '어리석은 질문'에는 대답하고 싶지 않다고 여러 차례 말한 적 있다. 몇 번이나 대답하길 거절하며 MC 전문학교를 만들어 교육해야 한다고까지 말했다. 어느 방송 현장에서는 이중톈의 반박에 MC가 할 말을 잃어서 난감한 장면이 연출되기도 했다. 이후 별다른 편집 없이 방송이 나가면서 "질문이 어리석다."라는 이중톈의 말에 논란이 일었다. 인터뷰하기 너무 어려운 사람이라며 이중톈에 대한 비판이 쏟아졌다. 인터뷰하기 어려운 사람이란 건 맞는 말이다. 하지만 영상 내용을 잘 살펴보자.

문제가 과연 이중톈에게만 있는 것일까?

◆ 수능에 관해서

MC : 많은 학부모는 자기 아이가 수능에서 좋은 성적을 얻길 바라는데, 조언 좀 부탁드리겠습니다.

이중톈 : 굉장히 죄송합니다만, 저는 수능을 본 적이 없습니다.

MC : 하지만 선생님의 아이가 본 적이 있지 않습니까?

이중톈 : 그럼 제 아이에게 물어보는 게 맞지요.

MC : 아버지로서 아이의 수능 준비를 도울 때 한 일이 없나요?

이중톈 : 밥을 했습니다.

MC : 그건 일반적인 가장이라면 다 하는 일이죠. 또 다른 일은 없나요?

이중톈 : (짜증내며) 제가 어떤 일을 더 할 수 있었을까요? 할 수 있다면 아이 대신 시험을 봐야 했나요?

MC : 당신의 딸이 나중에…….

이중톈 : 계속 어리석은 질문을 할 겁니까?

MC : 저는 사회자로서 제가 해야 할 임무를 수행할 뿐입니다. 설령 어리석다고 생각이 들어도 저는 질문해야 합니다.

이중톈 : 네, 맞습니다. 왕지(CCTV 아나운서)가 그렇게 말했지요.

MC : 계속하겠습니다. 처음에 저희가 소개할 때 선생님을 학술계의 '슈퍼맨'이라고 했습니다.

이중톈 : 그랬죠, 저한테는 욕이나 다름없습니다.

MC : 듣기로 선생님께서는 이 별명을 싫어하신다고 하더라고요.

이중톈 : 당연히 안 좋아하죠.

MC : 어떤 이유 때문인가요?

이중톈 : 뜻은 분명하지요, 슈퍼맨이나 원더우먼은 다 힘의 초능력자입니다. 그런데 여러분은 제가 초능력자인 것처럼 저를 반기더군요. 어메이산 원숭이 같은 관상용 동물들에게 가서 사람들에게 구경거리가 되는 게 좋은지 싫은지 물어보세요.

이중톈의 감정적인 답변은 제외하고 이 대화를 살펴보자. 사회자의 질문이 너무 산만하다. 어떤 질문은 '듣기론'이라는 말을 사용해 주관 없이 대중의 평을 대입했다. 대중은 보이지 않는 존재이고 그들 중에는 대상을 희화화하거나 가십거리쯤으로 여기는 사람이 많다. 그런데 MC는 이런 대중의 호기심을 빌어 질문을 던졌다. 이런 질문은 상대방의 화를 불러일으키기 쉽다. 또한, 자신과 직접 관련이 없는 가족을 끌어들여 질문했다. 이는 상대를 불쾌하게 만든다. 인터뷰에 응한 건 자신이지 주변인이 아니다. 많은 유명인이 이런 핵심 없고 산만한 질문에 시달리고 있다. 대답하지 않으면 예의 없고 건방지다는 소리를 듣는다. 울며 겨자 먹기로 대답하지만 기분 좋을 사람은 없다. 인터뷰에서는 많은 문제를 깊게 이야기하기란 불가능하다. 질문하는 사람은 이를 알고 질문을 준비해야 한다. 한 가지 중심으로 질문을 발전시키고 그 질문의 핵심을 마친 후, 다른 질문으로 넘어가야 한다. 너무 다양한 주제를 넘나들면 안 된다.

2. 객관적 관점에서 질문하기

거짓되고 성의 없는 질문은 하지 말자. 자기 관점에서 출발하는 게 더 친근하다. 세계적 전략 컨설턴트인 앤드류 소벨과 제럴드 파나스는 《질문이 답을 바꾼다》에서 우리에게 더 나은 질문법을 제시해준다. 경영학의 아버지인 피터 드러커를 포함해 수백 명의 성공한 인사들을 찾아다닌 결과, 좋은 질문에는 대답보다 훨씬 더 강한 힘이 있다는 사실을 발견했다. 그리고 좋은 질문 요령을 제시했다.

첫째, 집중하기
둘째, 나로부터 시작하기

스티브 잡스는 어떻게 질문했을까? 어느 날 잡스는 곧 출시될 신형 컴퓨터를 개발한 엔지니어를 찾아가 컴퓨터를 켜보라고 했다. 컴퓨터는 부팅에만 몇 분이 걸렸다.

"더 빨리 부팅되게 할 수는 없나요?" → (집중)

잡스의 질문에 엔지니어는 며칠을 꼬박 일해서 부팅 속도를 늘렸다.

이번에는 잡스가 턱을 쓸며 또 물었다.

"이게 최선인가요?" → (속도에 집중)

엔지니어는 다시 며칠 밤을 새워 부팅 시간을 몇 초 더 줄이는 데 성공했다. 하지만 잡스는 이렇게 말했다.

"제가 장담하는데, 앞으로 500만 명이 하루에 한 번씩은 이 컴퓨터를 켤 것입니다. 그래서 만약에 부팅 시간을 10초 더 줄이면, 500만 사용자라 가정할 때 매일 오천만 초인 것이고, 그렇게 일 년을 가면 열두 사람의 일생이죠. 그러니까, 부팅 시간을 10초 더 줄이는 것은 12명의 생명을 구하는 것과 다름없습니다."

사실 잡스는 여전히 "이게 최선인가요?"라고 묻고 있다. → (여전히 집중, '나'의 관점에서 시작)

그리고 엔지니어는 또 해냈다.

나는 책을 낸 후에 많은 도시에서 사인회를 했다. 그중에 질의응답 시간이 있었다. 마이크를 건네받은 질문자들은 한참

동안 자기 이야기만 한다. 한번은 사회자가 어떤 할아버지에게 마이크를 건네주었는데 이 할아버지는 십여 분간 본인 이야기만 했다. 마이크를 빼앗아올 수도 없고 멈추라고 할 수도 없어서 모두 듣고 있을 수밖에 없었다. 할아버지는 한참 후 이야기를 끝까지 마쳤다. 질문은 없었다. 내가 하려던 질문이 뭐냐고 물었더니 잊어버렸단다. 나는 그 자리에 주저앉을 뻔했다.

거의 모든 강연에서 이런 일들이 일어난다. 질문의 서론이 너무 길면 질문의 핵심은 십중팔구 모호해진다. 보통 사인회 진행 시간은 짧다. 누군가 말을 너무 많이 한다면 다른 사람의 시간을 낭비하게 된다. 진짜 효과적인 소통은 반드시 좋은 질문을 전제로 해야 한다. 그러나 나는 평소에 그런 효과적인 질문을 거의 볼 수 없었다.

하루는 이 프로그램에 변화를 줬다. 사인회가 시작되기 전 사람들에게 질문할 것을 미리 종이나 휴대전화에 적고 손을 들라고 했다. 예상대로 질문의 질이 전보다 훨씬 높아졌다. 사람들이 질문을 적으며 이게 정말 필요한 질문인지, 이미 답을 알고 있는 것은 아닌지, 더 깊이 있는 질문을 할 수 있지 않은지, 스스로 확인한 후 질문했기 때문이다. 이런 과정을 거치면 질문은 효과적으로 변한다. 이 모든 과정에서 그들이 실제로 한 일은 단 하나, 자신의 문제에 집중한 것뿐이다.

자신이 하고자 하는 질문의 핵심이 무엇인지 스스로 되물으면 질문이 산만하거나 알맹이가 없는 일은 일어나지 않는다. 이중톈도 마찬가지다. MC와 무대에 올라가기 전 어떤 질문을 할지 미리 공유했다면 인터뷰 시점에서 그렇게 날 세울 일은 없었다. 더불어 MC는 개인적인 친분이 없는 이중톈에게 질문해야 했으므로 '나'에서 출발해야 했다.

"선생님, 안녕하세요. 정말 팬입니다. 제가 검색하다가 어떤 사람이 선생님을 학술계의 '슈퍼맨'이라고 하는 것을 봤는데 어떻게 생각하시나요?"

이처럼 자신의 경험으로 얻은 정보인 양 이야기로 시작한다면 상대방은 쉽게 화를 내지 못할 것이다. 눈앞에 있는 상대가 자신에게 관심 있음이 증명되기 때문이다.

인터뷰뿐만 아니라 사적인 대화에서도 지극히 개인적인 프라이버시를 묻거나 적대적 질문을 하면 예의에 어긋난다. 질문에도 순차적 진행이 있다. 처음 보는 사람에게 반드시 질문해야 하는 상황에서 가장 좋은 방법은 조금씩, 천천히 그의 방어선을 뚫는 것이다. 《질문이 답을 바꾼다》에는 이를 위한 세 가지 질문법이 나와 있다.

(1) 폐쇄형 질문

답을 선택하는 질문으로 천천히 상대를 편하게 만들어주면서 분위기를 달구자. 이때는 질문의 비중이 답변보다 다소 길어질 수 있다. 아니면 모두가 알만한 기본적인 질문을 하는 것도 좋다. 말을 빙빙 돌리거나 관점을 분산시키지 않도록 주의하자.

(2) 개방형 질문

분위기가 달아오르고 그의 말문이 열리면 정답이 없고 자유롭게 자신의 의견을 표현할 수 있는 질문이 가능하다. 서로의 말문이 열리고 적의가 없다는 것이 확인되면 질의응답의 분위기도 뜨거워진다.

헨리 소로가 월든 호수 옆 오두막에서 《월든》을 집필할 때 쓴 일기에는 "오늘 무엇보다 가장 기뻤던 일은 누군가 내 생각을 묻고 내 대답을 진심으로 들어줬다는 것이다."라고 적었다.

답변자의 생각을 묻는 질문이 바로 개방형 질문이다. 하지만 처음 시작은 폐쇄형 질문을 기초로 해야 한다. 개방형 질문이 좋다고 막무가내로 시작부터 생각을 물어서는 안 된다. 폐쇄형 질문 그 뒤에 개방형 질문이 있다는 것을 잊지 말자.

"어떻게 시작하셨나요?", "두 분은 어떻게 만난 건가요?",

"영어를 어떻게 그리 잘하세요?"라는 질문은 상대로 하여금 추억을 떠올리게 하고 이야기보따리를 풀게 만든다. 두 사람 사이가 가까워지고 분위기가 달아오르면 질문의 폭을 넓히고 깊은 이야기를 나눌 수 있다.

(3) 캐묻기

캐묻는 것은 질문자와 답변자 사이의 가장 치열한 사고의 싸움이다. 때론 서로 미운털이 박히기도 한다. 절대 만나고 싶지 않은 유형이라며 고개를 흔든다. 그래서 캐묻기 전에는 반드시 관계 정리가 확실하게 되어야 한다.

어느 글로벌 기업이 매출에 문제가 생기자 영업 교육을 위해 유명 강사를 초빙했다. 강사는 영업부 담당자에게 다섯 가지 질문을 했다.

첫 번째 : 당신 기업은 이미 글로벌 판매 시장에서 선두주자인데, 왜 강습이 필요한가요?

담당자: 영업사원들의 역량을 꾸준히 키워야 하기 때문입니다.

두 번째 : 사원들의 능력 향상이 왜 필요한가요?

담당자: 새로운 고객을 더 효과적으로 유입하기 위해서입니다.

세 번째 : 왜 새로운 고객을 늘려야 하나요?

담당자: 현재의 고객들로는 회사의 성장 목표를 달성하기에 충분치 않기 때문입니다.

네 번째 : 고객 수가 계속 늘지 않는 이유가 뭔가요?

담당자: 매년 20%의 고객이 유실되고 있습니다.

다섯 번째 : 고객이 유실되는 이유는 뭔가요?

담당자: 제품 품질과 물류에 문제가 있어 고객들이 만족하지 못해 떠났습니다.

단 다섯 항의 질문으로 품질과 물류 허점을 밝혀낸 것이다. 문제의 핵심을 찾아주는 것이 바로 캐묻기의 효과다. 문제를 맞닥뜨렸을 때 성급하게 결론을 내리지 말고 몇 번이고 캐묻자. 꼬치꼬치 캐묻는 것은 상관없지만, 반드시 관계가 훼손되지 않는다는 전제하에 이루어져야 한다.

캐묻기를 해서는 안 되는 상황도 있다. 부부에게 서로 정말 사랑하는지, 두 친구에게 서로 돈을 얼마나 빌려줄 수 있는지 등 사람이나 그 관계를 캐묻는 것은 자제해야 한다. 솔직한 대답을 듣지도 못할 뿐더러 상처받는 답을 들을 수 있다. 서로의 관계가 견고하다고 확신할 수 없다면 차라리 묻지 않는 편이 낫다.

자, 다시 한번 이중텐의 이야기를 살펴보면, 이제 MC의 또 다른 실수가 보일 것이다. **두 사람이 서로 아직 익숙지 않은 상태에서 개방형 질문을 던졌고, 상대방이 불편함을 표하고 심지어 아직 대답하지 않았는데도 계속해서 캐물으며 선을 넘었다. 이를 참고하여 같은 실수를 범하지 않도록 하자.**

받은 질문에
당당하게 맞서라

질문하는 방법을 알아봤으니 이제 답변 요령을 알아보자. 스티븐 핑커의 《엔라이턴먼트 나우Enlightenment Now》에 "이 세상에 어리석은 질문은 없다. 어리석은 대답만 있을 뿐이다."라는 말이 있다. 나는 이 말에 동의한다. 아무리 질문이 쓸데없이 길고 지루해도 대답하는 사람은 현명하게 대답해야 하는 책임이 있다. 이 세상에는 말도 안 되는 질문에 근사하게 대답해내는 고수가 많다.

2009년, 나는 처음으로 영어 연설 대회에 참가했다. 대회는 연설 후 질문과 대답으로 이루어져 있는데 대답의 점수가 총

점수의 70%를 차지했다. 나는 너무 긴장한 나머지 연설에서 준비한 만큼 다 보여주지 못했다. 대답이라도 잘 해보자는 마음이었다. 나는 두 개의 질문을 받았고 생각보다 빨리 끝나버렸다. 대회가 끝난 뒤 이번에는 수상할 가망이 없겠구나 싶었다. 답변할 때 문법을 너무 많이 틀렸고 단어도 정확하게 사용하지 못했다. 그럼에도 준결승에 진출했다는 연락을 받았다. 심사위원들의 심사평가는 '유창함' 딱 세 글자였다. 긴장하여 실수를 많이 범했는데도 말을 멈추지 않고 했던 게 주효했던 것 같다.

연설의 대가라도 질문을 받으면 긴장하게 마련이다. 심지어는 질문과 별 상관이 없는 답변을 할 때도 많다. 하지만 그가 말을 멈추지 않는 한 관객들은 그가 대답을 망쳤다고 생각하지 않는다. **말의 유창함, 이것이 대답의 첫걸음이다. 유창함은 곧 자신감이다. 상대의 질문에 끌려다니지 않으면서 질문을 통제할 줄 알게 한다. 자신의 무대에서 다른 사람이 날뛰게 하지 말자.**

연설할 때 질문받고 답하는 목적은 상호작용을 보여주기 위함이다. 또한, 강연자에게 집중시키려는 의도와 곤란한 질문에 대답하며 자신감 있는 모습과 무대에 대한 장악력을 보여줄 수 있다. 사실 강연장에서는 어떤 메시지나 가치가 전달되기 어렵다. 이것은 대부분 강의에서 전달된다. 질문에 대답하면서 보여줄 수 있는 것은 개인의 매력밖에 없다.

제리 와이즈먼Jerry Weissman은 문답의 목적을 '통제'라고 했다. 대답의 내용보다 자신 있고 당당한 모습이 더 중요하다는 말이다. 그러므로 대답의 내용은 성실하고 솔직하면 된다. 모르는 문제에 대해서는 더 연구해보겠다든지 생각이 필요한 부분이라고 말하면 된다. 질문에 아는 척 거짓말은 하지 말자. 관객이 이를 눈치채면 어떤 기술을 써도 그들 마음을 돌이킬 수 없다.

다음은 대답하는 과정에서는 주의할 점이다.

1. 현장 통제하기

시간을 조절할 필요가 있다. 질문자가 있기에 질문 내용을 조절할 수는 없어도 질문의 수는 조절할 수 있다. 현장에 시계가 있으면 좋겠지만 없다면 마음속으로 응답 가능한 질문의 수를 정해놓자. 사전에 사회자와 질문을 얼마나 받을 것인지, 질문이 길어지면 어떻게 잘 끊어야 할지 상의하는 것도 좋다.

2. 손을 펴서 지목하기

많은 사람이 손을 들고 질문한다. 어떠한 상황에서도 손가락으로 질문자를 지목하는 일은 없도록 하자. 손가락질은 상대를 존중하지 않는 표현이다. 손바닥을 펴고 질문자를 지목하고 현장에 있는 모든 사람의 이름을 안다면 이름을 불러도 좋다. 하지만 몇몇 사람의 이름만 알고 있다면 그들의 이름도 모르는 척 진행해야 한다. 누구의 이름은 부르고 누구의 이름은 부르지 않는다면 후자는 거리감을 느낀다. "노란색 옷 입은 남성분, 저쪽에 머리 묶은 여성분."처럼 특징을 묘사하는 방법도 좋다. 하지만 상대를 무안하게 하거나 공격하는 말은 삼가자.

3. 진지하게 인내심을 가지자

장황한 질문을 받는다면 여유를 갖자. 질문자는 방금 당신이 전한 수많은 정보를 흡수하기도 했고 사람들의 시선이 집중된 상태에서 질문하는 것이라 긴장할 수밖에 없다. 이럴 때는 진지하게 인내심을 가지고 들어야 한다. 절대 지루한 표정을 짓거나 시계를 보는 행동을 하면 안 된다. 청중은 질문자보다 당신에게 더 집중한다. 당신이 귀 기울여 질문을 듣고 있는지 지켜본다. 당신의 작은 행동으로 판단하고 평가한다. 간혹 질문자를 무시하거나 농담으로라도 존중하지 않는 모습을 보이면 순간에 지지자를 잃을 수 있다.

1992년 선거 당시 빌 클린턴 후보와 조지 부시 전 대통령은 TV토론을 했다. 한 흑인 여성이 일어나 질문 시간에 자기 이야기를 하며 국채가 국민의 삶에 영향을 줬는지 물었다. 클린턴과 부시는 그 연관성을 비슷하게 답변했다. 여성은 이어서 서민의 아픔을 경험한 적 없는 정치인들이 어떻게 공평하게 서민 경제 문제의 해법을 제시할 거냐고 물었다. 이때 부시는 무심결에 시계를 들여다봤다. 클린턴이 답을 하는 사이에도 계속 시계를 힐끔 거렸다. 부시는 차례가 왔을 때 "최선을 다할 것입니다."라고 형식적으로 답했다.

여성이 다시 한번 질문을 일깨우며 구체적인 정책이 있느냐고 물었다. 하지만 부시는 또 질문과 관련 없는 대답을 하고 말았다. 여성은 실망했고, 그 모습을 TV로 지켜본 수많은 시청자도 실망했다. 그 결과 그는 서민의 목소리를 귀담아듣지 않는다는 이미지를 얻고 말았다.

방송녹화를 마친 뒤 빌 클린턴은 기회를 놓치지 않고 그 여성에게 다가가 그녀의 이야기를 들어주며 관심을 표했다. 그는 서민 경제에 대한 조언이 있다면 언제든 알려주라고 부탁했다. 이 일 이후로 조지 부시의 지지율은 급격히 떨어졌고 빌 클린턴 지지율은 상승했다.

묻고 답하는 과정에서 경청은 생명이다. 뛰어난 화자는 반드시 뛰어난 경청자이다.

4. 친절하게 질문 반복하기

상대방의 질문을 이해하지 못했다면 받은 질문을 되물으며 자신이 이해한 것이 맞는지 확인하자.

"이러이러한 것이 궁금하신 거죠?"

"질문 내용이 ○○한 것이죠. 제가 잘 이해했나요?"

당신이 질문을 이해하지 못했다고 화를 낼 사람은 없다. 하지만 당신의 동문서답은 질문자의 불만을 산다. 질문을 도저히 알아듣지 못하겠더라도 '이게 무슨 말도 안 되는 질문이야.'라는 눈빛이나 어투를 보여서는 안 된다.

5. 자신에 대한 해석

강연 내용을 오해한 도발적인 질문을 받는 경우도 종종 있다. 그런 상황에서는 당황하지 말고 자신의 말뜻을 확실하게 해석해줘야 한다.

어찌 보면 오해받는 것은 강연자의 숙명이다. 한 사람이 하는 말을 여럿, 수천, 수만 명이 해석하고 받아들이므로 말을 많이 할수록 더 쉽게 오해받게 마련이다. 그래서 문답하는 과정에서 자기가 한 말에 오해를 살 만한 부분이 있다면 설명하고 해석해주어야 한다. 이는 연설에서 굉장히 중요한 부분이다.

당신을 향한 질문자의 적의는 신경 쓸 필요가 없다. 오직 질문에 대해서만 대답하자. 그 누구도 자신을 통제할 줄 모르는 사람을 신뢰하지 않는다. 어떤 문제를 직면하더라도 결코 분노해서는 안 되며 오히려 단호하고 침착한 모습을 보이자. 화내고, 분노하고, 조급해봤자 당신에게 이득이 될 게 하나도 없다.

6. 마무리는 힘있게

시간이 있을 때 몇 가지 마무리 말을 생각해두자.

"세상은 더 아름다워질 겁니다."

"할 수 있는 최선을 다하고 운명은 하늘에 맡깁시다."

"다 잘 될 겁니다."

용기를 주고 긍정적으로 마무리하는 인사말을 남기자. 마지막에 연설자가 청중에게 주는 흐뭇한 선물이다.

유머로 호기심을 끌고 시선을 집중시켜라

재미있는 사람은 언제나 인기가 많다. 그래서일까. 누구나 유머를 즐기는 사람이 되고 싶어 한다. 하지만 유머는 어렵고 잘못하면 분위기를 망친다고 염려해 자제한다. 또 자신은 재미없는 사람이기에 유머를 구사할 수 없다고 단정지어 생각한다. 무대에서 재치 넘치고 유머 있는 사람이 사석에서는 조용하고 내향적인 경우가 많다. 날 때부터 재미있는 사람은 거의 없다. 유머는 연습이 필요하고 훈련을 통해 충분히 갖출 수 있다.

유머의 기초 5P 원칙을 배워보자. 연습과 훈련을 통해 인기 있는 유머 능력을 갖출 수 있다. 무대에서 자유롭게 유머를 던지는 사람들은 5P 원칙을 지킨다.

"Proper Planning Prevents Poor Performance.(계획하면 실천이 초라해지지 않는다.)"

무대 위에서 여유롭게 유머를 구사하는 사람을 마냥 부러워하지 말자. 백조가 수면 아래에서 열심히 발을 구르듯, 그들도 무대 아래에서 유머에 엄청난 시간과 공을 들인다. 누구나 재미있는 사람이 될 수 있다. 너무 어려운 일로 여기지 말고 도전해보자.

유머는 사상과 가치관을 표현하는 하나의 수단이다. 적절한 지식을 동반한 유머라면 사람들이 받아들이기 더 쉽다. 유머에 통찰을 담아보자. 통찰로 얻은 자신만의 독특한 생각을 표현하는 것이다. 세상을 다른 각도에서 통찰한다면 유머 그 이상의 풍자와 해학을 만들어낼 수 있다. 단, 실없는 유머는 시간 낭비일 뿐이다.

1. 유머는 사람 간 거리를 좁힌다

유머는 어색한 분위기를 깨고 서로 친하게 만들어주는 도구이다. 나는 강의 첫 시간에 새로운 학생들을 마주할 때면 유머를 던진다. 나름대로 새롭고 독창적인 유머를 준비한다. 학생들과 벽을 허물고 빨리 친숙한 감정으로 다가설 수 있기 때문이다.

어느 날 처음 보는 사람이 불쑥 다가와 내 책을 본 적이 있다며 말을 걸어왔다. 나는 그를 모르지만 "정말 감사해요, 그쪽이 아니었더라면 제 책은 한 권도 팔리지 않았을 겁니다."라며 웃어주었다. 그도 뿌듯해하며 웃었다. 이렇게 그와 나의 관계는 순식간에 가까워졌다.

한 사람의 유머 세계를 관찰하면 그의 가치관을 알 수 있다. 웃음 포인트가 다르거나 농담을 주고받기 어려운 사람은 나와 가치관이 다른 사람이다. 처음 보자마자 나에게 19금 농담을 한 사람도 있었다. 그 자신만의 유머 체계가 있다는 것을 알았지만 나는 별로 재미있다는 생각이 들지 않았다. 서로 비슷한 가치관을 가졌다면 웃음 코드도 비슷하다.

유머는 교착 상태나 어색한 분위기나 두려움을 깰 수 있다. 건강한 유머는 사람의 기분을 좋게 만든다. 때때로 아무 말도 하지 않고 그냥 웃고만 있어도 상대는 재미있다고 느낀다. 웃음은 전염되기 때문이다.

2. 유머 공식

유머는 비극 곱하기 시간이다. 힘들고 괴로운 일이라도 그 고통의 시간이 지났다면 웃으면서 넘길 여유를 준다. 주변의 유머를 살펴보면 그 본질은 비극이라는 것을 알 수 있다. 희극은 멀리서 바라보는 비극이다. 힘든 일과 그 기억들은 발효되는 시간을 거치면 그것을 희화하거나 이야기로 만들 수 있다. 고생했던 청년 시절을 중년이 되면 웃음으로 승화시킬 수 있는 것과 같다. 과감히 농담을 던지는 사람들은 이미 상처가 아물고 고통이 지나간 사람이거나 강인한 사람이다. 하지만 국가나 민족 단위의 상처는 농담의 소재로 적절하지 않다. 아직 눈물을 씻지 못한 사람들이 있을 수 있기 때문이다.

3. 웃음 포인트

처음 만나자마자 혹은 무대에 올라서자마자 다짜고짜 개그를 하면 어색한 분위기가 조성된다. 오히려 분위기를 냉각시키기도 한다. 개그를 던지기 전에는 먼저 판을 깔아야 한다. 사람들의 흥미와 기대를 끌어올린 뒤 유머를 터트려야 한다. 판을 까는 과정이 지루하고 딱딱하거나 따분할 수 있지만, 그 과정을 통해 사람들의 주의를 집중시킬 수 있다. 분위기가 부드러워지고 유쾌한 웃음이 필요한 시점에서 유머 포인트를 뿌리자. 그러면 사람들의 웃음을 터뜨린다.

데이비드 니힐David Nihill의 《말재주가 좋으세요?Do You Talk Funny?》에 나온 예시를 살펴보자.

기저귀 회사 하기스의 전 총재 다윈 스미스가 회사 직원을 상대로 강연하기 위해 무대에 올랐다.

"여러분, 다 같이 일어나서 묵념합시다."

어리둥절한 직원이 하나둘 일어났다. 몇 분 동안 묵념한 뒤 스미스는 심각한 말투로 말했다.

"방금 우리는 ○○회사를 위해 묵념했습니다."

직원들이 모두 웃음을 터뜨렸다. 그 회사가 경쟁사였기 때문이다.

그렇다, 묵념은 웃음을 위한 하나의 발판이었다. 회장은 유머를 하기 위해 판을 깔며 궁금증을 유발하고 집중하도록 만들었다. 그리고 적절한 타이밍에 유머를 던졌다. 이 과정은 롤러코스터가 정상을 향해 올라가는 과정과 같다. 하강하기 직전에는 반드시 살짝 멈춰서 사람들에게 곧 떨어진다는 느낌을 줘야 한다. 강연 중에 말을 잠시 멈추는 것만으로도 궁금증이 생긴다. 그 뒤 개그를 던지면 웃음은 따라온다.

4. 남보다는 자신을

누군가를 조롱하거나 그의 아픔을 소재로 웃기지 말자. 치유될 수 없는 상처를 남긴다. 타인을 유머 소재로 삼을 계획이라면 반드시 그와 상의해야 한다. 사소한 일이라도 본인에게는 드러내기 싫은 부분일 수 있다.

자신을 깎아내리는 농담도 있다. 자기 잘못이나 약점을 드러내며 웃음을 선물하는 것이다. 이런 자기 소재의 유머는 99% 안전하다. 자신을 낮추고 상대방 또는 관중의 자존감을 높여주는 수단으로 사용된다. 특히 자주 사람들과 소통하는 강연자에게 중요하다. 무대의 높이로 이미 관중과 거리가 있는데 자꾸 자신을 내세우면 청중은 더욱 거리감을 느낀다. 무대에 설만큼 유명하거나 자신감이 충만한 강연자가 자신의 실수나 부족한 환경, 황당한 경험을 이야기하면 관중은 웃음을 터트린다. 강연자에게 친밀감을 느끼고 자연스레 심적 거리가 가까워진다.

유머는 현장의 긴장을 풀어주는 무기이다. 관중의 호감을 사로잡으며 메시지를 전할 수 있다. **명심하자. 자존감이 높은 사람이 자신을 유머 소재로 삼는다. 자신의 약점을 드러내야만 그 약점을 내려놓을 수 있다. 유머 소재로 등장시키는 자신에게는 조금 더 잔인해도 괜찮다. 강연자가 구사하는 자기**

비하 유머를 관중은 절대 100% 진실로 받아들이지 않는다. 안심해도 좋다.

5. 시험해보기

자신이 구사하는 유머의 반응이 어떤지 살펴보자. 여러 사람이 있는 자리도 좋고 한 사람만 있는 자리도 괜찮다. 유머가 통하는지 시험해보는 것이므로 인원수는 상관없다. 반응이 좋으면 메모해뒀다가 다른 자리에서 또 시험해보자. 유머는 실전 연습으로 발전한다.

6. 분위기 타기

분명 똑같은 유머인데, 어제 만난 사람은 웃고, 오늘 만난 사람은 별 반응을 보이지 않을 수 있다. 왜 이렇게 다른 반응을 보일까?

개그 프로그램을 떠올리면 이해하기 쉽다. 관중은 마치 누군가 지휘하는 것처럼 다 같이 웃거나 웃지 않는다. 바로 집단성의 원리이다. 관중을 장악하고 싶다면 웃음이 머무는 분위기를 조성하고 관중과 호흡해야 한다. 이를 위해 다윈은 아주 간단한 방법을 사용했다.

"제 목소리가 들리신다면 박수 주세요."

박수, 이 통일된 동작은 사람들의 주의를 한 곳에 집중시킨다, 자신이 원하는 분위기로 끌고 가는 것이다.

강연이든 자신의 발언 기회이든 30초 안에 관중을 사로잡아야 한다. 당신이 누군지, 왜 당신의 이야기를 들어야 하는지 알려줘야 한다. 관중의 호감을 사야 당신이 전달하는 말의 위력이 발휘된다. 현장의 분위기를 사로잡느냐 못 잡느냐에 따라 관중의 집중도가 달라진다. 또한, 이 분위기를 유지해야 한다는 사실도 잊지 말자. 분위기를 벗어나게 되면 사람들의 반응도 자연스레 변한다.

7. 연습만이 살 길이다

무대 위 1분은 10년의 노력이 필요하다. 정말 10년을 보내라는 게 아니라 그만큼 지속적인 발전과 성장이 있어야 한다는 말이다. 토크쇼 진행자나 개그맨은 무대 위 1분을 위해 평소에 수많은 시간을 들여 연습한다. 연습 없이 이루어지는 일은 없다. 어쩌다 한 번은 있을 수 있지만 그것은 단지 한 번뿐인 운에 지나지 않는다. 연습하지 않으면 실수가 나온다. 한 번의 실수가 평생의 노력을 집어삼킬 수 있다.

8. 몇 가지 기본 원칙

유머에 관한 몇 가지 원칙을 알아보자.

(1) 진지해야 할 때는 진지하자

유머는 간장 같은 존재다. 간장만 한 바가지 들이부은 음식은 아무도 먹으려 하지 않는다.

(2) 선정적인 농담은 자제하자

공개석상에서는 더더욱 조심해야 한다. 사람이 가벼워 보이기 쉽다. 말 한 마디로 신뢰가 무너진다.

(3) 자신의 웃음 포인트를 찾자

상대방이 이해하지 못해도 괜찮다. 유머 감각은 맞춰질 수 있으니, 소통을 많이 하다 보면 두 사람이 함께 웃을 일도 점점 많아진다.

(4) 유머로 스트레스받지 말자

자신이 유머와 거리가 먼 사람이라고 생각된다면 유머에 강박을 느끼지 말자. 사람마다 서로 다른 스타일이 있지 않은가.

연설할 기회가 온다면 잡아라

나는 스무 살 때 전국 영어연설대회에서 3위를 차지했다. 직장 생활을 하면서도 꾸준히 강단을 떠나지 않았다. 이제는 자타공인 전문 강연가로 활약하고 있다. 바로 이 점이 이 책을 쓰는 이유이기도 하다. 이미 시중에는 수많은 연설 관련 서적들이 있다. 강조하는 내용도 연설 내용, 손짓, 말투, 연습으로 비슷비슷하다. 그러나 가장 중요한 연설 기회 만들기는 강조하지 않는다. 아무리 연설 내용이 뛰어나더라도 그것을 보여줄 기회가 없으면 무용지물이다.

신동방교육(중국 거대 교육그룹) 강사의 강연 실력이 높은 이유는 교육 시스템 때문이다. 신동방은 강사가 수업을 잘할수록 시간을 더 많이 배정해준다. 한마디로 기회를 더 많이 주는 것이다. 사람들 앞에 설 기회가 없으면 아무리 좋은 내용과 기술도 발전할 수 없다.

다수이든 소수이든 사람들 앞에 서는 모든 기회를 소중히 여기고 사람들 앞에 설 기회가 없더라도 실망하지는 말자. 빈 강의실이나 방, 아니면 운동장 단상에서 사람들이 있다고 상상하며 연습하면 된다. 그 시간이 쌓이고 쌓이면 사람들 앞에 서는 두려움이 사라진다.

나는 이 방법으로 영어연설대회에서 입상했다. 처음에는 어색했지만 사람들 앞에서 잘하고 싶은 욕심으로 꾸준히 연습했다. 점점 습관이 되니 나중에는 연습이 실전처럼 느껴졌다. 덕분에 언제 어디서든 연설할 때 긴장하지 않게 되었다. 관중이 아무리 많아도 텅 빈 운동장에 있는 느낌을 받는다. 어느 무대에서건 긴장하지 않는 비결이다.

훈련은 힘들다. 혼자 해내야 하고 미래가 보이지 않기에 외롭고 지친다. 그런데 연설할 기회가 주어진 후에 연습한다면 늦는다. 유비무환. 평소에 준비하고 실전처럼 연습한 사람이 단 한 번의 강연으로 사람들의 관심을 받을 수 있다. 연설이 끝나면 반드시 모니터링하고 개선할 점을 찾아라. 한 번 잘못은 실수이지만 두 번 잘못하면 준비 부족이다.

1. 연설 원고

테드TED 대표 크리스 앤더슨은 《테드 토크》에서 "성공적인 연설에는 내용과 준비, 포인트가 있어야 한다."라고 강조했다. 연설의 기본 구성은 첫째, 전달하고자 하는 내용이 있어야 한다. 내용에 따라 우수한 연설인지 아닌지 결정된다.

나도 연설할 때마다 원고를 적는다. 원고를 쓴다는 것은 내용을 일목요연하게 정리한다는 의미이다. 연설 내용의 준비 없이 즉흥적으로 한다면 말을 실수할 가능성이 크다. 기록되지 않는 순간이니까 관중이 실수를 눈치채지 못할 거라는 생각은 버려라. 연설자는 한 명이지만 관중은 여러 명이고 눈과 귀가 연설자에게 집중된 상황이다. 어떤 관중은 실수만을 기다리고 있을지 모른다. 따라서 흠 잡히지 않으려면 원고를 써야 한다.

또 강연 시간에 무슨 일이 일어날지는 아무도 모른다. 갑자기 어떤 관중이 말을 끊을 수도 있고, 어느 날은 컨디션이 안 좋아 머릿속이 하얘질 수도 있다. 이럴 때 원고가 있다면 참사를 막을 수 있다. 원고는 외울 수 있으면 외우고, 외우지 못하면 내용에서 벗어나지 않도록 연습해야 한다. 이것은 내 연설을 듣는 관중에 대한 최소한의 예의이다.

2. 좋은 시작과 좋은 마무리

좋은 시작과 좋은 마무리가 연설의 성패를 좌우한다. 연설을 시작할 때 해야 할 일은 단 하나이다. 사람의 관심을 끄는 것이다. 질문으로 시작해보자.

“저를 아는 분 계시나요?”, “이 책을 읽어보신 분 계신가요?”, “이 자리에 저를 아는 분들이 얼마나 계시나요?”와 같은 질문은 사람 사이의 거리를 빠르게 좁힐 수 있다. 유머나 흥미로운 이야기를 들려주어도 좋다. 망가지는 모습을 보여주는 식으로 시작해도 사람들의 관심을 끌 수 있다.

시작이 웃기거나 관심을 집중시켜야 한다고 강박을 갖지는 말자. 어떻게 시작해야 할지 모를 때에도 너무 걱정하지 말자. 자연스럽게 연설 내용으로 들어가면 된다. 우리에겐 아직 마무리가 남아 있다. 마무리에서 좋은 인상을 남겨주면 된다. ‘피크 엔드 법칙’을 들어본 적 있는가? 사람은 과거 경험을 평가할 때 가장 절정과 가장 마지막 순간으로 평가한다는 심리를 말한다.

인터넷에서 TED 연설 영상을 찾아보자. 앞에서 어떤 말을 했든 마무리는 항상 깔끔하다. 멋있는 격언으로 마무리하는 것도 좋고 유머로 마무리해도 좋다. 또는 처음 시작할 때 했던 이야기를 다시 해서 처음과 끝을 이어주는 것도 좋은 방법이다.

갑자기 시를 읊거나 노래를 부르는 격정적 마무리는 무리가 따른다. 그런 연설은 충동적이라는 느낌을 준다. 좋은 연설은 어조나 분위기로 감동을 사는 것이 아니라 내용으로 공감을 얻어야 한다. 물론 내용 중간중간 내용을 강조하는 포인트도 중요하다. 어느 전문 강연자는 “두 시간짜리 수업을 위해서는 열 배의 시간을 들여서 준비해야 해.”라고 말한다. 그의 말은 절대 과장이 아니다. 한 마디를 전달하기 위해 열 개의 문장을 생각하라는 뜻이다. 전문 강연자는 자신이 해야 할 말을 다 원고에 적어가며 스무 배 가까운 시간을 들여 준비한다. 내 강연 평점이 그보다 낮은 이유가 바로 이것이었다.

연설은 굉장히 힘든 일이다. 엄청난 노력이 있어야 비로소 인정받는 강연을 선보일 수 있다. TED 무대에 서는 사람의 연설은 자연스럽다. 그들은 연설 훈련을 받지 않은 각 분야의 고수들일 뿐이다. 하지만 그들의 연설은 매우 완벽하다. 그것은 말 한마디 한마디를 계획하고 원고를 외운 피나는 노력을 했기에 가능한 일이다. 18분짜리 연설을 위해 어떤 이는 200시간을 들여 수정하고 준비했을 것이다. 우리에게도 지름길은 없다. 만일 당신이 TED 무대에 서고 싶다면 무대에 오를 기회를 소중히 여기며 자신의 연설 능력을 높여야 한다.

3. 연설에 포인트 주는 방법

(1) 명언을 이용하자

"소크라테스는 이런 말을 했습니다. ……."

(2) 도구를 이용하자

빌 게이츠는 TED 무대에서 대뜸 유리병을 꺼냈다. 병을 흔들어 그 안에 담겨 있는 모기들을 강연장에 풀어놓으며 "부자들도 말라리아로 고생해볼 필요가 있습니다."라고 말했다. 이 모기쇼는 가장 효과적인 쇼라고 평가받았다.

(3) 파워포인트를 이용하자

강조하고 싶은 부분을 명확하게 전달할 수 있다.

(4) 이야기를 이용하자

관중의 공감을 끌어 올릴 수 있다.

(5) 예상치 못한 행동을 이용하자

World Championship of Public Speaking의 챔피언 대런 라크룩스Darren LaCroix는 연설 도중 갑자기 앞으로 넘어졌

다. 그 상태에서 그는 "여러분들이 어떤 일을 하다가 넘어졌을 때, 이것 하나만 기억하세요. 당신도 앞으로 넘어졌다는 사실을."이라고 말했다. 관중들은 환호했고, 그것은 그들에게 잊지 못할 기억으로 남았다.

연설의
요령을 알면 쉽다

1. 복장

캘리포니아대학 심리학과 교수 앨버트 메라비언은 의사소통에서 시각적 이미지인 자세나 용모가 55% , 음색과 어조와 같은 청각적 이미지는 38%, 대화의 내용은 겨우 7%만 차지한다고 밝혔다.

공식 석상에서 복장은 당연히 단정해야 한다. 기타 비공식 자리에 갈 때는 상대에 따라 예의를 갖춘 옷차림이 좋다. 상대에게 불쾌한 인상을 주어서는 안 된다.

2. 표정

사람의 얼굴에는 근육이 43개 존재한다. 최대한 이를 잘 활용해야 한다. 평소에 잘 웃지 않는 사람이라도 연설할 때는 얼굴 근육을 움직일 필요가 있다. “웃는 얼굴에 침 못 뱉는다.”라는 속담을 떠올리자. 무표정의 강연자로부터 지식과 경험을 공유하기를 원하는 관중은 없다. 낙관적인 사람으로부터 좋은 기운을 전달받고자 한다. 긍정의 에너지는 웃음과 다양한 표정에서 나온다. 엄숙하고 슬픈 자리를 제외하고는 환한 표정을 유지해야 한다.

3. 시선

시선은 반드시 관중을 향해야 한다. 어느 한 구역의 관중을 바라보며 이야기하다가 다른 구역의 관중을 쳐다보는 것이 좋다. 시선을 마주친다고 관중이 당황하지 않는다. 오히려 연설의 호감도를 높일 수 있다. 연설자의 시선이 머무는 구역의 사람은 자신을 보고 있다는 생각으로 당신에게 집중할 것이다. 절대 이리저리 살피지 말고 일정하게 쳐다볼 곳을 정하자. 관중의 시선에서 연설의 불만이 포착될까 봐 눈을 못 마주친다는 사람도 있다. 이런 시선을 눈치챈다면 오히려 연설자에게 좋다. 빨리 화제를 전환해야 할 시점이다. 만약 지루하다는 표정이 보이면 유머를 던져야 한다.

마이클 엘스버그Michael Ellsberg의《아이컨택의 힘The Power of Eye Contact》에 나온 시선에 관한 내용을 보자.

첫째, 무대에 오르자마자 이야기를 시작하지 마라. 먼저 강단에 서서 두 다리를 곧게 펴고 청중의 눈을 바라보아라. 청중의 수가 적다면 한 사람 한 사람씩 눈빛을 주고받고, 그 수가 많다면 그중 몇 명을 골라 눈빛을 주고받아라. 성의 없게 좌중을 훑어보는 행위로 불친절한 느낌을 주면 안 된다.

둘째, 곱지 않은 시선에 신경 쓰지 마라. 백 명을 상대로 연설하면 그중 당신을 마음에 들어 하지 않는 사람이 한두 명은 있을 수 있다. 매우 정상적인 현상이다. 그렇다고 그들이 무대에 난입해 폭력을 행사하지는 않는다. 안심하고 자신의 이야기를 이어가라.

반면, 모든 사람의 환심을 사고 싶은 욕심도 내려놓아라. 그 욕심은 연설을 방해할 뿐이다. 점점 자신감이 없어지고 실수가 두려워 말을 이어가기 어렵다. 연설에 집중하지 않는 사람이 있다면 그들의 마음은 제쳐두고 따뜻한 시선으로 다른 사람들을 바라보자. 그렇게 하면 말할수록 기분이 좋아진다.

셋째, 눈빛을 교환할 때 시간을 계산하지 마라. 몸과 마음이 느끼는 대로 자연스럽게 시선을 옮겨야 한다. '5초에 한 번 옮길 거야!'라며 기계적으로 계산하면 어색하고 부자연스럽다. 강단에 자주 오르다 보면 자신만의 리듬이 생긴다.

넷째, 연설 중에 PPT를 사용한다면 먼저 PPT의 내용을 확인하고 청중을 바라보자. 다음 페이지로 넘어갈 때마다 시선을 다른 사람에게 옮기는 것이 좋다.

4. PPT

PPT뿐만 아니라 현장에서 틀어주는 음악, 영상으로 요점을 한눈에 보여줄 수 있다. 하지만 이런 보조 장치를 사용할 때 주객이 전도되지 않도록 주의한다. 복잡한 PPT로 관중을 당황하게 만들거나 원고를 그대로 적어놓은 PPT를 보면서 읽는 행위는 절대 금물이다. 이러한 행위는 관중에게 재앙과 같다. 시선을 어디에 둬야 할지 모를 뿐더러 PPT 보랴, 연설 들으랴 정신을 한곳에 집중할 수 없다. 결국 산만한 연설이 되고 만다. 연설의 주인공은 당신이고 PPT는 언제나 조연이라는 사실을 알아야 한다.

연설을 어렵게 생각하지 말자. 당신과 밀접한 이야기, 당신이 자신 있는 이야기를 전하는 것이다. 친구들 앞에서 이야기

할 줄 안다면, 연설도 잘할 수 있다. 이 시대는 자신을 드러내는 사람의 손안에서 펼쳐진다. 자신을 드러내는 방법은 말과 글뿐이다. 그리고 글보다 말이 멀리 퍼진다.

어떤 사람의 목소리는 중요한 언어적 기억이다.
우리는 평생 이런 정보를 수집하고 이 기억을 통해
그 사람을 인식할 수 있다.

심리학자 스티븐 주버트

PART 4

말에는 보이지 않는 힘이 있다

자신이 한 말은 자신의 인생에 영향을 미친다. 말에 따르는 책임, 말 한 마디의 힘, 말에 담긴 의미가 세상에 드러날 때 자신의 가치를 높이기도 하고 나락으로 떨어뜨리기도 한다. 그러므로 의미 있는 말을 우리의 잠재의식에 스며들게 해야 한다. 이것이 사고에 깊이 박혀 판단에 영향을 미치고 행동을 좌우해 더 나은 사람으로 살아가게 돕는다. 언어가 자신을 바꾸고 세상을 바꾸는 것이다.

언어의 뜻을 이해하면
말이 풍부해진다

언어에는 엄청난 매력이 있다. 특히 표의문자인 중국어는 같은 발음이라도 의미가 다르게 사용될 수 있어 어떤 단어를 사용하느냐에 따라 말의 깊이가 달라진다.

최근 몇 년 동안 미국에 머물고 있는 중국인들을 만났는데, 그들은 현지에서 문제없이 의사소통할 수 있는 영어를 구사하고 있었다. 반면, 중국에 온 수많은 외국인은 10년이 넘어도 중국어 발음이 어색하고 여전히 어려워한다. 심지어 중국에 온 지 상당히 오래됐는데도 버스에서 "첸먼입니다. 뒷문으로 내려주세요."라는 안내가 나오면 앞문으로 내려야 하는지 뒷문으로 내려야 하는지 고민한다. 베이징에 첸먼이라는 정류장이 있는데 직역하면 '앞문'이라는 뜻이기 때문이다. 그들은 중국인과 교제할 때에도 상대가 "나는 너와 짜이찌엔이라고 할 때가 됐다고 생각해."라고 말하면, 다시 보고 싶다는 것인지 안 보고 싶다는 것인지 완벽히 이해하지 못한다. 짜이찌엔은 헤어질 때 말하는 안녕이라는 뜻이지만 다시 보자는 뜻도 있기 때문이다.

한 문장에 여러 의미가 담겨 있는 말은 중국어뿐만이 아니다. 영어도 자세히 들여다보면 이런 예가 적지 않다. 한국어, 일본어, 이탈리아어, 불어도 마찬가지이다. 모든 언어마다 우리를 혼동에 몰아넣는 재미있는 말들이 있다.

일상에서 소통을 위한 필수 조건으로 사용되는 말을 어려워하는 이유는 언어 체계의 특이한 점 때문이다. 문장에 사용되는 단어와 말할 때 목소리 톤과 태도에 따라 말하는 사람의 의중이 전달된다. "미안해."라는 경우를 생각해보자. 말에 자신의 마음을 담으려면 어투와 행동까지 미안함이 표현되어야 한다. 입으로는 "미안해."라고 하는데 표정이나 행동이 미안하지 않다면 상대는 진정성이 없다고 판단한다. 간혹 문자로 대화할 때 정확한 의미 전달을 위해 적절한 이모티콘으로 자신의 의향까지 전달하는 것도 이 때문이다. 이렇게 가장 쉬우면서도 어려운 게 말이다.

중국인의 표현은 비교적 간접적이다. 하지만 외국인들은 대부분 자기 마음을 직접 표현한다. 예를 들어 길에서 아름다운 여성을 보았을 때 외국인들은 바로 "너 정말 예쁘다."라고 말하지만, 중국에서 이렇게 말하면 건달로 취급받는다. 또 외국인들은 아침에 일어나면 가족끼리 "I love you."라고 말하지만 중국인들은 사랑하는 마음이 있더라도 직접 대놓고 하지 못한다. 이는 우리가 사용하는 말에 자라온 환경과 문화가 영향을 미치고 있다는 것이다.

소통은 예술이자 심리학이다. 아무리 말을 잘하더라도 진정성이 빠져 있거나 상대에 대한 배려가 없다면 의미 없는 말이 된다. 다른 뜻 없이 본인의 의견을 드러내 상대와 의견을 교환하는 것은 좋은 소통이 된다. 오해를 부르지 않기 때문이다. 손로홍 선생이 쓴 《말의 힘》에서 그 예가 나와 있다. 고객과 상담원이 아주 간단한 문제를 해결하기 위해 어떻게 소통하고 있는지 보자.

가정용 컴퓨터가 처음 중국에 들어왔을 때이다. 컴퓨터 작동을 모르는 고객이 고객 센터에 전화를 걸었다. 상담원은 서비스 규정에 따라 먼저 상대방의 질문을 반복했다.

"고객님 말씀은 컴퓨터 인터넷이 안 된다는 것이죠?"

고객은 자신이 말을 잘못한 건 아닌지 당황했다. 사실 이때 상담원이 고객의 질문을 반복하는 것은 비효율적이었다. 지침이라 해도 고객을 배려하는 차원에서 굳이 그럴 필요는 없었다. 이어 상담원은 전화 응대 매뉴얼에 따라 충실하게 물었다.

"고객님의 '마오(옮긴이 : 여기서는 공유기의 의미이지만 고양이라는 뜻도 가지고 있다)'를 보세요, 문제가 있나요?"

고객은 뜬금없는 물음에 의아했다.

"우리 집에 고양이가 있다는 걸 어떻게 알았어요? 고양이는 잘 있어요, 창턱 위에 있는 걸요."

고객은 '마오'가 공유기를 의미한다는 사실을 몰랐다. 상담원은 시간을 들여 공유기를 다시 설명해야 했다. 그 뒤 다시 상담이 이어졌다.

"고객님의 '바탕화면'에 있는 '내 컴퓨터' 표시 보이시나요?"

"네, '책상' 위에 컴퓨터가 있습니다."

이 역시 중국에서는 바탕화면과 책상 단면을 뜻하는 단어가 같다.

"고객님, 바탕화면에 시작 버튼이 있을 겁니다."

"제 책상에는 컴퓨터만 있지 시작 버튼은 없는데요!"

고객은 자신이 상담원의 말을 이해하지 못한다고 느꼈다. 상담원도 당황했다. 다행히 상담원은 이 고객이 컴퓨터를 처음 사용하는 것이라 그럴 수 있다고 생각했다. 다시 처음부터 친절히 안내하며 설명했다. 클릭 몇 번으로 해결되는 문제를 한 시간 가까이 소통하고서야 위기가 해결됐다.

단어가 하나의 의미만 가졌다면 문제는 훨씬 쉽게 해결되었을 문제이다. 말이 딱 하나의 의미만 가진다면 직장이나 가정, 친구들과의 교류에서도 말을 착각하거나 오해하는 일, 말로 인한 갈등이나 판단 착오도 줄어들 것이다. 예를 들어 상대가 어떤 상황에서 "하지 마."라고 말하는데 이 말을 듣는 사람은 "해도 된다."라는 뜻으로 받아들이는 경향이 있다. 선입견이 작용한 결과로 본심을 감추고 자신 없으니까 혹은 실례가 될까 봐 반대로 표현한다고 착각한다. 이로써 더 큰 오해를 불러일으킨다. **실제로 우리 주위에는 마음을 드러내지 않고 진심과 다른 말을 하거나, 말 따로 생각 따로 행동도 따로 하는 사람들이 많다. 그래서 누군가를 알고 싶다면 그가 하는 말로만 판단해서는 안 된다. 말만 그럴듯하게 하는 사람이 넘쳐나기 때문이다.**

독서회 회원들과 책을 읽은 느낌을 공유하고 토론하던 중 재미있는 일이 일어났다. 분명히 다들 같은 책을 읽었는데 각자가 생각하는 주제나 작가의 의도는 모두 달랐다. 예를 들어 《당신은 겉보기에 노력하고 있을 뿐》을 읽고, 누구는 이 책이 이상 추구를 깊게 들여다보고 있다 하고, 누구는 사랑을, 또 누구는 부모와의 관계에 대해 말한다고 했다. 심지어 책의 저자가 잘생겼다고 하는 사람도 있었다.

"왜 그럴까?"

이 본질적인 질문에 찾아낸 답은 책을 읽으면서 회원들 모두 자신과 관련된 이야기를 보고 생각했기 때문이다. 이것이 우리 뇌에서 생각의 오류를 일으킨다. **같은 문장이라도 읽는 사람의 경험에 따라 사고하게 된다. 그 결과를 자신만이 가진 언어로 설명한다. 즉, 각자 가진 경험과 언어에 한계가 있다는 말이다. 이 때문에 최첨단 과학 발달을 자랑하는 오늘날에도 몇몇 특정 내용과 감정을 표현할 길이 없다.**

유명한 진화 심리학자인 로빈 던바는 《털 고르기, 험담, 그리고 언어의 진화Grooming, Gossip and the Evolution of Language》에서 '언어'로 최대 150명까지 인간관계를 유지할 수 있다고 말했다. 이는 150명이 넘는 공동체에서는 말이 영향력을 발휘할 수 없다는 뜻이다. 이것이 바로 '던바의 수'이다. 던바는 여러 해 동안 이 이론을 제기했는데 오늘날까지 유효하다. 던바의 수를 근거로 보면 현대는 문자와 메일, 휴대전화가 보편화되어 있지만, 언어를 통해 유지되는 인간관계는 150명 안팎이 된다. 맞는가? 내 현재 상황과 경험으로 나는 이 이론이 맞다고 본다. 기술 변화로 소통 방법은 변했지만 던바의 수는 변하지 않고 있다.

언어는 우리 삶에 영향을 주고 변화를 유도하는 매력을 지니고 있다. 영화 '세 얼간이'에서 란초는 어려움과 문제에 부딪칠 때마다 "알 이즈 웰(다 잘될 거야)!"을 외쳤다. 경쾌한 노래를 부르며 주문을 외우듯 "알 이즈 웰!"을 반복한다.

미국의 언어학자는 삶의 바람직한 표현 방식을 하나씩 익힐 때마다 자기 암시로 어려운 상황을 돌파해나갈 가능성이 커진다고 했다.

'입은 마음의 문'이다. 자신이 하는 말로 에너지와 자신감을 얻을 수 있다. 다시 말해 당신이 영향을 끼치는 무리의 사람들이 모두 낙관적이라면 당신도 낙관적일 수밖에 없다. 이것이 언어의 작용이자 힘이다. 말의 매력을 체험하고 싶은가. 그렇다면 지금 당신이 하는 말에 그 가능성을 담아보자.

말이
생각을 결정한다

언어는 인간의 사고에 어떤 영향을 주는가? 이 질문의 답은 《삼국지연의》 속 '망매지갈望梅止渴' 이야기에 담겨 있다.

조조가 이끄는 부대가 이동하다 물을 찾지 못했다. 병사들은 갈증으로 고통을 느꼈고 행군 속도는 느려졌다. 조조는 병사들의 사기를 높이기 위해 무언가를 해야 했다. 그가 선택한 것은 희망을 줄 하얀 거짓말이었다.

"전방에 매실 숲이 있다."

이 말을 들은 병사들은 새콤달콤한 매실이 갈증을 해결해줄 거라고 믿었다. 한 발이라도 더 나아가면 매실 숲에 빨리 도달해 목을 축일 수 있음을 믿고 행군에 속도를 냈다. 그리고 얼마 지나지 않아 물을 찾았다.

중국 온라인에 '화대병画大饼'이라는 말이 있다. 약속으로 상대를 꼬드겨 일하게 한다는 뜻으로 조조와 같은 전략을 일컫는다. 말로 동기를 부여해 행동력을 끌어낼 때 사용한다. 이때의 약속은 실천 가능해야 한다. 그래야만 영향력이 발휘된다.

이처럼 언어는 사람의 사고뿐 아니라 몸에도 영향을 준다. 짧은 말 한 마디가 목마른 병사들의 몸과 정신 상태에 영향을 줘 행동을 끌어냈다. 말에는 이러한 '마력'이 있다. 늦은 밤 야식으로 메뉴를 언급하다가 침을 흘린 적이 있을 것이다. 아무것도 먹지 않았는데도 몸이 생리적 반응을 일으킨다. 곧 말이 뇌의 작용을 불러일으킨다는 증거이다.

《어린 왕자》의 저자 생텍쥐페리는 "한 사람은 생각을 통해 돌무더기를 거대한 궁전으로 바꿀 수 있다."라고 했다. 바꿔 말하면 생각이 말로 표현되면서 원하는 것을 이룰 수 있고 기대했던 성과보다 훨씬 큰 결과를 얻을 수 있다는 의미이다.

말은 생각의 저장 장치이다. 만일 어떤 사람이 긍정적인 에너지를 가진 언어 체계 속에 있다면, 그의 사고는 긍정적으로 바뀐다. 비난과 불평의 언어 속에서 지낸다면 비관적인 사람이 될 수밖에 없다. 말은 생명을 살리는 복음이 되지만 저주

로 작용하기도 한다. 서로 다른 언어 환경에 있는 두 사람의 정서는 다를 수밖에 없다. 서로 다른 언어의 차이가 개인의 사고에 작용하는 영향력은 우리가 상상한 것보다 더 크다.

하물며 문화가 다른 나라와 민족 간 단어에 내포된 의미의 차이가 어떠하겠는가. 이누이트족은 눈을 매우 중요하게 여기므로 십여 개의 단어로 눈의 각기 다른 상태를 묘사한다. 어떤 눈이냐에 따라 행동을 달리해야 하기 때문이다. 반면 그렇지 않은 중국에는 '눈'이라는 단어 하나만 있을 뿐이다. 파푸아뉴기니의 고지대 언어에 색깔과 관련된 단어는 '흑'과 '백' 두 가지밖에 없다. 북미 인디언 호피족 언어에는 '시간'에 대한 단어나 문법 또는 표현 자체가 없다. 시간 개념에 정확해야 할 이유가 없기 때문이다. 마찬가지로 '효도'에 대응하는 영어 단어도 찾을 수 없다. 이렇게 언어에는 그것을 사용하는 사람들의 문화와 삶이 담긴다.

영국 작가 조지 오웰은 《1984》 속 전체주의 정권은 사람들의 사상을 통제하고 정치적 이단을 없애기 위해 새로운 언어인 '신어'를 보급했다. 영어로 만들어진 언어지만 그 독재 세계에서는 'justice(정의)', 'science(과학)', 'religion(종교)'과 같은 단어는 전부 삭제됐다. 'free(자유)'라는 말은 남겨졌지만, 원래의 뜻 '자유'가 아닌 '없다', '공짜'라는 의미로 사용되었다. '신어'의 발명자는 언어에 사상이 의존한다고 주장한다. 그러니까 언어에 '자유'라는 단어가 없다면, 사람들의 사상에도 '자유' 개념이 사라져 독재 정치에 반항하지 못한다는 것이다. 오랜 세월이 지나 이전 세대 사람들이 떠나면 새로운 언어의 환경에서 자란 다음 세대는 그들 사상의 운반체인 언어를 잃었으니 반정부 운동을 펼치지 못한다는 결론이다.

내가 학창시절 몇몇 친구에게 가장 많이 들은 소리는 "그게 뭐 어때서?"라는 말이다. 상대방이 어떠한 성적을 받든지, 어떤 상황이 되든지 자기와 상관없는 일이며 자기 일이 아니니 신경 쓰지 않겠다는 뜻이다. 그들은 공부를 열심히 한 학생이 훌륭한 성과를 내도 크게 개의치 않았다. 성적을 잘 받아도 성적이 낮은 자신이나 별다를 게 없다는 생각이다. 그러나 이 말을 입버릇처럼 되뇌던 친구들은 후에 졸업 학점을 채우지 못해 졸업이 연기됐다.

'입은 곧 마음의 문'이다. 때로는 자신이 한 말이 자기 일생에 영향을 끼친다. 잘 생각해보자. 우리가 미처 예상치 못한 상황을 마주했을 때 생각 없이 즉각적으로 보이는 말의 표현은 언어 시스템에서 무슨 의미인가. 왜 그런 말들이 튀어나올까.

루쉰의 소설 《축복》에 등장하는 샹린댁은 입만 열면 "나는 바보야. 진짜로."라고 말한다. 독자들은 읽으면서 샹린댁을 비웃는다. 그런데 실생활에서 우리도 그렇지 않은가? **하루에 하는 말 중 뇌를 거치지 않고 무심결에 내뱉는 말이 얼마나 많은가. 무심코 하는 그 말들에 주의를 기울이자. 이러한 말들은 하면 할수록 우리의 잠재의식에 스며든다. 주술을 거는 것처럼 반복하면 자신이 의도와 다르게 운명에 영향을 준다.** 입버릇처럼 욕을 하거나 부정적인 말을 되뇌인다면 결과는 어떻게 되겠는가. 당신이 한 말은 당신 주위를 떠돌다가 당신에게 스민다는 것을 기억하자.

심리언어학에서 유명한 사피어-워프는 "언어는 우리 생각에 영향을 미치는 것뿐 아니라 사고를 결정하고 최후에는 문화를 결정한다."라는 가설을 세웠다. 그리고 모든 고차원적인 사고방식은 언어에 의존한다는 결론을 냈다. 사피어-워프 가설에는 두 가지 핵심 관점이 있다.

첫째는 언어 결정론이다. 언어는 우리 인식을 결정한다. 자신이 사용하는 언어가 자기 사고를 규정하고 그 규정이 행동도 규정하게 된다.

둘째는 언어 상대성이다. 서로 다른 언어는 같은 사회 현실을 나타낼 수 없다. 예를 들어 동양의 과거시험을 영어로 번역하기 어렵다. 서양의 아메리카노, 라떼, 카푸치노, 등심스테이크 같은 것도 우리 언어로 만들려면 새로운 단어를 지어내야 한다. 아니면 그대로 써야 한다.

말에 담긴 역사와 문화는 주체성과 독립성을 가지고 있다. 문화가 언어를 형성하는지 언어가 문화를 창조하는지는 검증되지 않지만 과거 유럽이나 제국주의 나라에서 식민지를 점령할 때, 왜 먼저 원주민들의 언어를 없애고 새로운 언어를 배우게 했는지를 이해하는 배경이 된다. 언어의 식민을 통해 자연스레 사상과 문화의 식민을 이루고 최종적으로 그들이 가진 문화 계승을 철저히 말살시키기 때문이다. 영화 '시디그 발레'를 보면 자기 민족의 언어를 지키기 위해 왜 목숨을 거는지 알 수 있다. 언어는 그 민족 문화의 구심점이다.

나는 사피어-워프의 가설을 "언어는 확실히 우리 사고에 영향을 주지만, 완전히 결정할 수는 없다."라고 해석한다. 우리 사고는 언어 외에 환경이나 시대, 어쩌면 유전자에 의해 결정될 수도 있다. 이것이 자신의 사고를 구성하고 언어로 표출된다. 따라서 언어와 사고는 한 덩어리로 서로 영향을 주고받으며 함께 성장한다. 그러므로 긍정적인 말과 긍정적 소통이 우리 사고를 바꾸는 하나의 방법이 된다.

최첨단 과학기기의 발달로 메신저 소통이 대세가 되었다. 그로 인해 수많은 인터넷 용어들이 탄생하고 있다. 오프라인에서는 잘 사용하지 않고 사전에도 등재되지 않는 용어들 중에 '복세편살(복잡한 세상 편하게 살자)', '롬곡(뒤집으면 눈물)' 등이 그렇다. 이런 말의 사용과 유행은 우리 미래에 어떤 변화를 가져올까? 우리의 사상을 가두어놓을 것인가, 아니면 우리에게 더 큰 세상을 보여줄 것인가? 아직 알 수 없다. 다만 미래를 향하는 시점에서 부디 긍정적 영향을 끼치기를 기대한다, 인류 문화와 정신의 가치를 이어주는 영향력이 발휘되기를 바랄 뿐이다.

외국어는
사고의 확장을 돕는다

다른 나라 언어에는 국제 통용어인 영어뿐 아니라 타 언어들도 포함된다. 번역기가 발전한 요즘, 웬만한 언어는 다 실시간으로 번역되는데 굳이 외국어를 배워야 하는 이유는 무엇일까? 아마도 첫째는 편리하고, 둘째는 다른 문화 다른 사고방식을 배울 수 있고, 셋째는 돈이 되기 때문이다.

실업률이 갈수록 높아지지만 인재난에 시달리고 있는 직종이 있다. 바로 영어, 스페인어, 이탈리아어, 아랍어, 일본어, 러시아어 등 외국어 통·번역자들이다. 번역기는 관습이나 문화를 포함해 번역하지 못한다. 아무리 성능 좋은 번역기라도 '띠동갑'이라는 단어를 정확하게 표현하긴 어렵다. 그러므로 한 나라의 문화를 이해하기 위해서는 그 나라의 언어를 배워야 한다. 그 나라 정서와 역사가 내포된 어휘를 정확하게 전달할 수 있는 인재는 기업에서 앞다퉈 뽑는다. 그런데도 이렇게 언어를 구현할줄 아는 사람은 국제적으로 드물다.

프랑스어를 예로 들어보자. 프랑스어는 프랑스는 물론이고, 캐나다, 벨기에, 스위스, 아이티에서 제2, 제3의 공용어로 사용되며 적지 않은 전공생들이 졸업 후 해외 근무를 택한다. 국제적으로 프랑스어 통역 인력이 부족해서 급여 또한 높다. 이처럼 다른 언어를 배우는 것은 자신에게 좋은 투자이다.

이뿐만 아니라 외국어 공부는 세계를 보는 시야를 넓혀주고 고정관념이나 가치관을 변화시켜준다. 언어에는 몇천 년을 이어온 잠재의식과 문화가 담겨 있다. 외국어를 배움으로써 편견을 깨는 계기가 된다.

스페인 친구에게 가브리엘 가르시아 마르케스의 《백 년의 고독》을 어떻게 생각하느냐고 물어본 적이 있었다. 그는 책의 진정한 의미를 깨달으려면 반드시 원서로 읽으라고 조언했다. 본인도 번역된 버전을 몇 개 읽어봤지만 정신적 가치가 누락되었다는 느낌을 떨치지 못했다는 것이다. 작가의 의도, 주제 표현을 위해 사용한 문장은 원서로 읽어야 의미가 잘 전달된다고 했다.

처음 영어 공부를 시작할 때 모든 영어 단어를 중국어로 번역해서 외우려 했다. 하지만 어떤 말은 도저히 그 의미를 제대로 번역할 수 없었다. 무리한 번역은 오히려 그 언어에 상처를 입힌다는 생각이 들었다. 예를 들어 쉘리의 시와 셰익스피어의 작품을 그 나라 문화를 이해하지 못하고 읽는다면 그 위대함을 제대로 공감하지 못한다. 그러므로 세상을 자신의 모국어로만 이해하지 말자.

책을 읽을 때 번역본이 아닌 작가의 원서를 찾아 읽자. 나는 시사에 관심이 많아 영어 신문을 읽으며 영어를 공부했다. 미국 드라마를 볼 때는 최대한 자막을 보지 않고 그 언어 환경을 느끼려고 노력한다. 시작은 어려웠지만, 시간이 흘러 습관이 되니 삶의 일부분으로 자리 잡았다. 외국어를 배우는 것이 대단하고 이상한 일은 아니다. 미국 대학생들은 대부분 2개 국어를 한다. 하버드나 예일 등 명문대 학생 중에는 서너 개 국어를 하는 학생들도 있다. 영어를 제외하고 다음 언어들에도 관심을 가져보자.

1. 프랑스어

영어에서 많이 쓰이는 단어의 81%가 프랑스어와 라틴어에서 왔다. 실제로 프랑스어를 배우다 보면 영어와 비슷한 부분이 많이 발견된다. 영국의 산업혁명과 미국의 급부상 이후 만국 공통어 자리를 영어에 많이 내주었지만, 여전히 많은 나라에서 쓰이고 있다.

2. 스페인어

세계에서 두 번째로 많이 쓰이는 언어이다. 현재 약 5.5억 명가량이 사용하고 있다. 유엔은 세계 6대 공용어 중 하나로 스페인어를 선정했다. 근대 식민지의 영향으로 스페인과 아메리카 대륙의 여러 국가에서도 사용되고 있다.

스토리텔링 능력이 요구되는 시대이다

자신의 관점을 쉽게 전달하는 방법을 아는가. 사연을 가진 이야기로 들려주면 아주 효과적이다. 거짓말을 하면 안 되는 이유를 설명할 때 '양치기 소년'을 들려주고, 욕심부리면 안 되는 이유를 '황금알을 낳는 거위'로 들려준다면 상대의 마음에 쉽게 접근할 수 있다.

'이야기'는 인류의 진화 과정에서 두 번의 각성에서 비롯되었다. 첫 번째 각성은 '나'라는 개념의 탄생이다. 약 삼백만 년 전 지구환경의 급격한 변화로 인류 조상의 중추신경계가 빠르게 성장하며 오늘날까지 이어졌다. 기록에 따르면 뇌회백질과

뇌백질은 3,000년마다 1ml씩 자라고, 이 중 뇌회백질은 뇌세포를, 뇌백질은 신경섬유를 구성한다. 다른 동물들과 다르게 인간의 뇌는 자란다는 의미이다.

시간이 흐르고 변이를 거치며 인류의 뇌는 점점 자라났다. 부피만 커졌을 뿐 아니라 구조도 더욱 복잡해지고 천억 개에 달하는 세포가 서로 연결되었다. 이때 인간의 뇌 속에 '나'라는 개념이 탄생했다. "나는 누구인가?"는 심각한 철학 문제이면서 동시에 인류의 뇌 발달 이후 생겨난 첫 번째 질문이다. 인류의 첫 각성이다.

'나'의 출현은 다른 동물에게는 없는 능력, 바로 자신을 돌아보는 능력을 주었다. 이 자기성찰은 매우 특별한 능력이다. 개를 호수 앞에 앉혀놓고 호수에 비친 자신의 모습을 보게 하면 개는 그저 호수 속 자기를 적으로 인식하고 잡으려 한다. 우리 안에 있는 돼지들은 도살장으로 끌려가는 다른 돼지를 보며 '언젠가 내 차례가 오겠지.'라고 생각하지 않는다. 동물은 자신의 존재를 감지할 수 없다. 의식 속에 '나'라는 개념이 없기 때문이다. 인간처럼 자신을 돌아볼 줄 아는 동물은 없다.

인간은 스스로 객관화할 줄 안다. 외부의 시각에서 자신을 바라보며 판단한다. 그래서 인류의 관념은 외적 자아와 내적 자아로 나뉜다. 외적 자아는 모든 사건의 직접 경험자, 다시 말해 생존 본능으로 먹이를 찾고 사냥하고 교배하는 신체를 뜻한다. 내적 자아는 외적 자아를 관찰하는 일을 한다. 보이지 않는 영혼 같은 존재다. 기독교적 윤리를 적용해 설명하면 처음 하나님이 인간을 만들 때는 독립적으로 사고할 수 있는 능력을 주지 않았다. 하지만 동산 위 사과를 먹으면 자기반성, 즉 자아 성찰 능력을 얻었다. 사과를 먹고 난 뒤 아담과 이브가 잎사귀로 벗은 몸을 가린 것은 자아 성찰을 통해 부끄러움을 알았기 때문이다.

초기 인류의 자기성찰 능력은 끝없는 두려움을 불러냈다. 그들은 동족이나 동물의 관찰을 통해 자신의 운명을 예측하기 시작했다. 질병과 노화 혹은 다른 이유로 죽어가는 동족들을 보며 '나도 언젠가 저렇게 되는 거 아닌가.'라고 생각했다. 죽음에 대한 두려움을 떨쳐버리고자 사람들은 각종 이야기를 만들어냈다.

이 감각은 매우 평범해보이지만 '나'라는 개념이 없으면 가능하지 않다. 이 감각들은 모두 자의식에서 비롯되었다. 이제 막 생각을 시작한 인류에게 이 세상은 불확실한 상황의 연속이었다. 태풍이나 홍수, 지진이 왜 일어나는지 알 수 없었고, 사람이 병에 걸리는 이유와 죽고 나면 어디로 가는지 궁금했다. '나'의 정체성이 생기면서 인류의 조상은 세상의 모든 것이 두렵고 신비로운 존재였다.

미지의 끝없는 두려움에서 벗어나기 위해 인류는 불확실한 것들을 확실하게 이해해야 했다. 하지만 과학적 수단 없이 자연의 섭리를 설명하고 미지에 대한 공포를 막을 방법이 없었다. 그래서 인간의 지성은 이제 '나'라는 개념 위에서 두 번째 각성을 시작한다. 바로 스토리텔링이다.

사람들은 다양한 이야기를 만들며 합리성을 찾기 시작했다. "번개가 치는 이유는 저 하늘 너머에 날씨를 제어하는 신비한 존재가 있기 때문이다. 비가 오지 않는 것은 하늘이 노했기 때문이다."라는 것처럼 그럴 법한 이야기로 과학 원리를 상상해냈다. 그 상상의 힘은 그리스 로마 신화와 같은 실체가 되었다. 모든 나라의 원시 신화는 이야기로 그 의미를 부여한다. 병에 걸리는 것은 신에게 노여움을 사서 벌을 받는 것이라는 식으로 환경과 문화에 맞는 이야기를 만들어갔다.

사람들은 이야기로 불확실한 것들에 합리성을 부여했다. 그리고 모든 것은 인과관계로 이루어져 있다고 생각했다. 유발 하라리의 《사피엔스_그래픽 히스토리》에도 비슷한 이야기가 나온다. 호모 사피엔스가 오늘날까지 유지되어 온 것은 이야기할 줄 알았기 때문이다. 이야기를 통해 집단을 이뤄 복잡한 일을 해내고 번창하여, 더 큰 공동체 또는 국가를 만들었다. 인간이 공동체를 이루는 이유는 함께 믿는 무언가가 있기 때문이다. 부부가 그들의 러브스토리를 믿고, 학생은 공부와 독서로 자신의 운명을 바꿀 수 있다고 믿는 것처럼 말이다.

시간이 흐르고 다윈의 진화 이론에 따라 이야기를 만드는 심리적 기제는 인류의 DNA 속에 자리 잡아 현재까지 이어지고 있다. 하나의 심리적 기제가 오늘날까지 인류 문화에 남은 이유는 이야기가 과거 인류 조상의 문제를 성공적으로 해결해 주었기 때문이다.

이야기는 사람들이 풍요롭게 살 수 있도록 도와줬다. 이야기를 전하고, 듣고, 쓰고, 빠르게 이야기 속 묘사된 광경을 연상하며 감각을 길렀다. 그 감각은 감정적 인간을 이롭게 하며 생활에 활력을 가져왔다. 문제를 해결하는 바람직한 방법을 제시하기도 한다.

우리가 이야기로 세상을 이해하는 것은 그것이 가장 정확하고 진실한 방식이어서가 아니다. 좋든 싫든 이성적 사고가 아닌 상상의 사고방식이 인류의 유전자에 뿌리내렸기 때문이다. 지식을 탐구하고 확실성을 찾기 위해 이야기로 생겨났다. 그 이야기의 힘은 이 시대에도 더없이 중요하다.

광고를 예로 들어보자. 유튜브 영상이 시작되기 전 나오는 광고를 자세히 보는 사람이 얼마나 될까? 거의 없다. 대부분 5초가 지나기만을 기다렸다가 스킵해버린다. 영상 중간에 광고가 나오는 건 어떤가? 거부 반응이 더더욱 높다. 광고가 사람들에게 미움을 받는 이유는 그 속에 스토리가 없기 때문이다. 짧은 시간에 상품의 품질을 강조하기에 급급하다. 그로 인해 소비자의 마음을 얻지 못한다.

태국은 광고를 비교적 잘하는 나라이다. 태국의 광고가 사람들에게 미움받지 않는 이유는 그 속에 스토리가 담겨 있기 때문이다. 혁신적 정보 제공이 아닌 인간의 뇌에 끊임없이 이야기를 새겨 넣는다. 광고 소비자는 광고보다 이야기에 매력을 느낀다. 이야기가 그 제품에 호기심으로 이끈다. 스토리의 장점이 극대화되는 광고업계에서 점점 스토리텔링을 이용한 광고 제작이 느는 이유이다.

우리도 자신의 존재에 스토리를 부여해보자. 소통할 때 스토리를 사용하면 상대를 이해시키기 더 쉽다.

돈이 되는 마케팅은 스토리가 좋아야 할 뿐 아니라 명확한 상업적 목표와 마케팅 기법이 갖춰져야 한다. 애플의 잡스, 구글의 래리 페이지, 아마존의 제프 베이조스 등이 강연할 때 들려주는 이야기에는 명확한 상업적 목적이 들어 있다. 다만, 그들은 이를 드러내지 않고 청중으로 하여금 단지 하나의 이야기를 들었다고 믿게 하면서 내면의 소비 욕구를 꿈틀대게 만들었다.

홈쇼핑 채널의 쇼호스트는 스토리텔링에 능한 사람들이다. 그렇기에 소비자의 소비를 이끌어낸다. 하나의 제품이 자신만의 스토리를 가지면 입소문을 타기 쉽고, 더 많은 사람에게 홍보된다. 새로운 시대는 스토리텔링 능력을 요구하고 있다.

스토리에
기술을 더하라

이야기를 잘하는 것은 하나의 기술이다. 우리가 아는 수많은 전설은 대부분 구전된 이야기들이다. 글이 없던 시절, 구전된 이야기는 집단 창작물이었다. 현대 사회에서 자신을 소개하는 과정에서 "저는 성실한 사람입니다.", "저는 온화한 사람이에요."라고 성격을 전달하는 경우가 많다. 상대는 확인할 길이 없고 무슨 근거로 이렇게 말하는지 알지 못한다. 그러므로 경험이나 예화를 들려주며 자신을 소개하는 것이 더 낫다.

미국 유명 컨설팅 회사의 창업자 아네트 시몬스Annette Simmons의 《스토리 팩터The story factor》를 보자. 책에는 35세인 스킵이 등장한다. 그는 자기 가문의 회사를 물려받았는데, 비교적 젊은 나이 때문에 주주들로부터 신임을 얻지 못했다. 주주총회 자리에서 스킵은 이야기를 이용했다.

“저는 한 조선소에 전기 평면도를 그려준 적이 있습니다. 저는 그 분야에서 꽤나 능력이 있었고, 어려서부터 배에서 자라 배를 잘 알고 있었기에 빠르게 도면을 그려서 넘겨주었습니다. 당연히 실수는 없을 것이라 자부했고요. 그런데 조선소의 한 노동자가 저에게 실수한 곳이 있다고 했습니다. 저는 그럴 리 없다고 생각했고, 그가 저를 직접 데리고 가서 보여준 뒤에야 제가 틀렸다는 것을 알게 됐습니다. 알고 보니 왼손잡이였던 제가 도면을 완전히 반대로 그렸던 것이었습니다. 그날 이후 저는 아무리 잘 아는 부분이나 자신 있는 상황이더라도 다른 사람들의 의견을 들어봐야 한다는 사실을 깨달았습니다. 그 사람의 직책이 높지 않더라도 말이죠. 나중에 동료 한 명이 저에게 왼쪽은 빨강, 오른쪽은 초록인 신발을 하나 선물하더군요. 앞으로 좌우를 잘 분간하라며 말이죠.”

이야기가 끝나자 주주들은 모두 웃음을 터뜨렸다. 주주들이 이 이야기가 주는 몇 가지 의미를 알아차리고 의심의 눈초리를 거두었다. 스킵이 이야기로 전달한 내용 몇 가지를 짚어보자.

첫째, 젊지만 현장 경험이 많고 그 속에서 단련되어 있다. 주주들이 생각한 온실 속 화초와는 거리가 멀다. 둘째, 신분만으로 사람에게 선입견을 가진다면 판단에 실수를 안긴다. 셋째, 따라서 자신은 주주들의 의견을 수용할 것이다.

스킵은 단지 하나의 이야기를 했을 뿐이다. 그 결과 주주들의 지지를 받으며 회장에 올랐다.

이야기는 가치관을 전하는 운반체이다. 다음 이야기의 다섯 가지 요점을 기억하면 가치관 전달의 효과가 높아진다.

1. 자기소개

첫 번째 유형의 이야기는 "내가 누구인가?"를 알리는 것이다. 자신을 소개할 일이 있다면 이름이 무엇인지, 왜 오게 된 것인지, 무엇을 하고 싶은지 세 가지만 소개하면 된다.

"제 이름은 ○○○입니다. 저는 장 사장님의 초대로 오게 되었는데, 이 프로젝트의 파트너를 찾았으면 합니다."

물론 사전에 더 재미있는 이야기를 준비해도 좋다. 정보들이 차고 넘치는 오늘날, 다른 사람을 설득하고 싶을 때 상대방에게 들려줘야 할 것은 정보가 아닌 내가 누구인가이다. 특히 젊은 세대는 자신이 누구인지 먼저 소개하고 상대와 가까워져야 자신의 가치관을 전할 수 있다.

나는 강연할 때 1분 정도 자기소개를 한다.

"저는 강사이자 작가입니다. 앞으로 여러분과 두 시간 동안 함께 보낼 사람입니다."

자신이 누구인지 확인시켜야 상대와 공감대가 형성되고 신임을 얻을 수 있다. "나는 누구인가?"라는 질문에 가장 좋은 답은 자신의 경험을 드러내는 것이다. 우리도 자신을 상징할 만한 사건을 이야기로 몇 개 준비하자. 대상에 따라 다른 이야기면 더 좋다. 그들에게 더 친근하게 다가가는 유용한 아이템이 된다.

절대 이야기를 지어내지는 말자. 진정성 있는 자기 이야기가 아니면 결국엔 들통나게 마련이다. 사람들은 바보가 아니다. 제멋대로 지어내고 있다는 것을 들키면 상황은 당신이 뜻하는 바와 반대로 흘러가고 만다.

2. 자신의 목적 말하기

모든 사람은 경계심을 지니고 있다. 1999년 뉴욕타임즈가 실시한 여론 조사에서 63%가 남들을 대할 때 조심 또 조심한다고 응답했다. 이들 중 40%는 남들이 기회만 있으면 자신을 이용하려 든다고 생각했다. 특히 낯선 사람과 지위가 높은 사람을 상대할 때 더 조심한다고 응답했다. 반대로 생각하면 이

경계심을 허물면 빨리 가까워질 수 있다는 결론이 나온다. 그러므로 처음 만났을 때 자신의 목적을 이야기하자.

"동업자를 찾으러 왔습니다."

"돈을 벌기 위해 왔습니다."

"상생할 방법을 이야기하고 싶어서 당신을 찾아왔습니다."

물론 너무 직접적이라 거부감이 든다면 살짝 돌려 말하는 것도 좋다.

아네트 시몬스의 《스토리 팩터》에 실린 이야기를 들어보자.

아네트가 알고 지내는 사업가의 이야기다. 그는 에이즈 환자들을 위해 봉사활동을 하는 사람이었다. 그는 후원을 요청할 때마다 자신의 여행담을 들려주었다.

"제가 이스라엘에 갔을 때 갈릴리해에 간 적이 있습니다. 그곳의 물은 사해의 물과 같은 수원지로부터 온다고 그러더군요. 현지인들에게 물어보니 사해에는 물이 빠져나가는 곳이 없고, 유입량만큼 증발하기 때문에 염분이 매우 높고 생물이 살지 못한다고 그랬습니다. 반면 갈릴리해에는 물이 빠져나가는 곳이 있었지요. 물의 왕래가 가능해서 왕성한 생명력을 보존할 수 있었습니다."

이야기가 끝나자 현장의 사업가들은 그 이야기의 의미를 이해했다. 목적을 직접 말하지 않았지만, 이 이야기를 통해 부를 얻었으면 베풀어야 더 사업이 활성화된다는 메시지였다. 이렇게 이야기에 목적을 녹여내면 사람들을 설득하기 쉽다.

3. 비전과 지혜가 담긴 이야기

이야기에 비전을 담아보자. 어렵지 않다. 이야기 끝에 미래를 지향하는 말을 하면 된다. "~되길 희망합니다.", "더 밝은 미래가 있을 것이라 믿습니다."와 같은 구절들은 비전과 기대를 담고 있다. 듣는 사람까지 열정적으로 도전하게 만든다.

지혜에 관한 이야기는 《이솝 우화》를 참고하면 좋다. 이 책의 이야기들을 익숙해질 때까지 읽고 외우고 말해보자. 삶의 지혜를 담은 이야기 중 《이솝 우화》보다 더 좋은 이야기는 없다. 기원전 6세기로부터 지금까지 전해져 내려오는 데에는 그만한 이유가 있다.

4. 가치관이 담긴 이야기

다시 한번 강조하지만 이야기는 가치관을 담은 운반체이다. 깊은 이치를 전하고 싶다면 이야기에 담자. 다음은 아네트 시몬스의 《스토리 팩터》에 나오는 이야기이다.

미국 행정개혁협회 회장을 지낸 크리스토퍼 게일 박사는 45세 공무원 남성의 면접을 심사하기 위해 면접장에 들어갔다. 그는 자신이 그동안 얼마나 열심히 일했으며, 얼마나 많은 야근을 하였는지 또 어떻게 실적을 올렸는지를 끊임없이 설명했다. 그러던 중 갑자기 가슴을 움켜쥐며 바닥에 쓰러졌다. 심장병이었다. 구급차가 왔지만 결국 그는 숨을 거두고 말았다. 게일은 이 일로 정부와 기업, 그 외 조직의 '효율 우선주의'를 비판했다. 인간 존중을 경시하는 일이라 생각하게 됐다.

이후 게일 박사는 자신의 가치관을 알릴 때마다 사람들에게 이 이야기를 들려주었다. 그리고 전통적인 업무 관념을 바꾸기 위해 노력했다.

미국에는 이런 식으로 메시지를 전하는 연설자들이 많다. 그들은 아주 소소한 이야기에서 출발해 끝에는 자신이 전하고자 하는 주제에 맞닿도록 한다. 화재의 위험성을 알려주려면 화재 사건 이야기부터, 안전띠의 중요성을 알려주려면 교통사고 이야기부터 시작하는 것이다.

5. 적절한 멈춤과 세부내용 잡기

청중은 이야기를 들을 때 전체 내용의 15%만 기억한다. 그들은 주로 이야기하는 사람의 표정, 자세, 옷차림에 의존하여 이야기를 평가한다. 따라서 이야기 내용뿐 아니라 진실한 표정으로 감정을 전달하는 것도 중요하다.

우리는 이야기가 고조되면 더 큰 몸짓을 사용한다. "아!"와 같은 감탄사나 다양한 말투를 사용하여 느낌을 전달하기도 한다. 긴장을 고조시키거나 의미를 강조할 때는 갑자기 말을 뚝 멈춰도 된다. 말을 끊임없이 할 필요는 없다, 적절히 멈춤으로 이야기를 더 의미심장하고 흥미롭게 만들 수 있다.

이야기의 내용이 평범하더라도 적절한 완급 조절과 말투로 감동을 전할 수 있다. 듣기 좋은 이야기들은 구성이 잘 잡혀 있다. 이 구성 요소가 영화, 드라마, 소설의 성패를 좌우하기도 한다. 이야기에 들어간 숫자를 예를 들어보자, 시간이나 주인공의 나이, 형제자매의 수가 숫자로 구체화된 것과 그렇지 않은 것은 차이가 크다. 더구나 숫자가 맞지 않으면 이야기의 신뢰는 추락한다.

이야기 창작기법을 알아야 한다

소설, 대본, 광고, 산문 또는 SNS 자기소개 등 생각보다 우리는 이야기를 쓸 일은 많다. 모든 사람이 SNS 자기소개 글부터 쓰면서 자신을 표현하는 방법을 배웠으면 좋겠다.

1. 어떻게 운을 떼야 할까?

첫 문장이 좋으면 이야기의 반은 성공이다. 문제 제기로 시작하자. 문제를 던지면 사람들의 호기심이 자극된다. 나는 강연할 때 항상 먼저 문제를 던져서 청중이 생각하게 만든다. 그 뒤 강연을 시작하면 빠르고 깊게 강연에 빠져든다. 이것이 바로 플래시백이다. 글을 쓰는 것도 마찬가지다. 영화로도 제작

된《내가 잠들기 전에》라는 소설을 살펴보자.

주인공 크리스틴은 남들과 좀 다르다. 그녀는 매일 아침, 잠에서 깨어날 때마다 기억을 잃는다. 자신의 신분, 과거, 심지어 자기가 사랑하는 사람까지. 그녀는 기억을 잃지 않기 위해 매일 일기를 쓴다. 다행히 그녀는 혼자가 아니고, 그녀의 곁에는 아침마다 그녀에게 밥을 해주고 기억을 찾아주는 남편 벤이 있다. 크리스틴에게 있어 그는 세상에서 의지할 유일한 버팀목이다.

어느 날 크리스틴은 의사에게서 걸려온 전화를 받는다. 의사의 도움으로 자기 일기장을 찾게 된 크리스틴은 그 속에서 글 하나를 발견한다.

"벤을 믿지 마라."

도대체 왜? 뭐지? 독자는 호기심을 발동한다. 더 읽고 싶다는 생각이 들도록 작가가 설정해 놓았다. 작가가 시작 부분에 함축된 질문을 숨겨놓은 것이다. 도대체 벤은 어떤 사람인지, 주인공에게 무슨 일을 저지른 건지, 주인공은 왜 이렇게 된 것인지, 이러한 의문은 이야기를 읽게 만든다.

문제 제기를 굳이 의문문으로만 할 필요는 없다. 서술문으로도 가능하다. 뛰어난 소설가는 궁금증을 해결해줌과 동시에 끊임없이 궁금증을 유발해 이야기에서 빠져나오지 못하게 만든다.

《셜록 홈즈 전집》도 마찬가지다. 셜록이 파트너 왓슨을 처음 만났을 때 "당신은 아프가니스탄에서 돌아왔지요?"라고 묻는다. 여기까지 읽은 독자는 "어떻게? 어째서?"라고 묻는다. 하지만 유능한 소설가는 절대 바로 답을 주지 않는다. 그는 문제부터 던진 뒤, 천천히 자신의 카드를 보여준다. 당연히 독자는 이야기를 계속 읽을 수밖에 없다. 독자가 문제 자체를 잊었을 정도로 이야기에 몰입한 뒤에야, 작가는 문제의 답을 내놓는다. 셜록도 임무 수행 중 왓슨에게 자신이 그렇게 추리한 이유를 말해주었다.

2. 서두에 최대한 많은 정보 담는 법

문제를 제기하고 싶지 않다면 다른 방법을 사용해도 좋다. 서두에 최대한 많은 정보를 담으면 된다. 많으면 많을수록 좋다. 서두에 많은 정보를 담고 있는 소설은 《백 년의 고독》과 같은 유형이다. 많은 독자가 이 소설이 시작조차 못 하고 있다고 알고 있는데, 이는 가브리엘 가르시아 마르케스가 마술적 사실주의 소설가이기 때문이다. 마술적 사실주의는 현실을 마술적으로 묘사한다는 이야기다. 하나의 문학 기법으로 현실 세계에 적용하기 어려운 문학적 서사를 말한다. 라틴 아메리카에서 유명해진 마술적 사실주의는 사회의 부정을 파헤치고 암울한 현실을 비판한다. 이런 의식으로 쓰인 이 책의 서두를 감상해보자.

"많은 세월이 지난 뒤, 총살형 집행 대원들 앞에 선 아우렐리아노 부엔디아 대령은 아버지에게 이끌려 얼음 구경 갔던 먼 옛날 오후를 떠올렸다."

독자들은 '많은 세월이 지난 뒤'라는 문구를 따라 이야기의 미래로 인도된다. 동시에 '떠올렸다'라는 말과 함께 이야기의 과거로 끌려간다. 또 총살형을 앞둔 아우렐리아노 대령을 보며 "왜 나오자마자 죽지? 아니 죽는 것은 그렇다 쳐도 어째서 저 중요한 순간에 아버지와의 과거를 회상하는 거지?"라고 질문하게 된다.

이 한 문장 속에 미래와 현재, 과거 그리고 아우렐리아노 대령이 수십 년간 겪은 두 가지 큰 사건을 담았다.

"~년 뒤, ~는 ~한 상황에서, ~년 전 있었던, ~사건을 떠올렸다."

이건 정말 위대한 문장이다. 나는 스페인어를 할 줄 모르지만 원어로 읽었을 때 전달되는 메시지는 이보다 훨씬 아름다울 것이다.

이번엔 문학 천재이자 철학 천재인 알베르 카뮈의 소설《이방인》을 예로 들어보자. 보통 사람과는 좀 다른 이방인 뫼르소 이야기이다. 얇고 내용도 매우 흥미로워서 금방 읽을 수 있다. 카뮈는 철학 방면에서 염세주의자 쇼펜하우어의 영향을 많이 받았다. 그래서 카뮈의 글에는 항상 비관적인 무언가가 있다. 카뮈는 어떤 문장으로 이런 가치관을 서두에 표현했을까?

"오늘 엄마가 죽었다. 아니 어쩌면 어제. 모르겠다."

엄마가 언제 죽었는지도 모르고, 엄마의 죽음조차도 무신경한 뫼르소의 모습은 충분히 이방인스럽지 않은가. 이 한 줄은 독자의 흥미를 돋우기에 충분했다.

3. 마무리짓는 법

이제 이야기의 마무리 결말을 알아보자. 앞에서도 언급했지만 이야기의 시작과 끝이 좋다면 중간중간 생기는 문제는 심각하게 보이지 않는다. 개인적으로는 이야기를 만들기 전에 결말을 미리 생각해두면 좋다. 결승선이 어딘지 알면 힘이 더 생기듯, 결말을 알고 있으면 이야기가 순조롭게 진행된다.

결말에는 두 가지 방식이 있다. 먼저 닫힌 결말이다. 이야기의 결말을 한 가지로 특정하여 독자들에게 선명하게 제시하는 방법이다. 다른 하나는 열린 결말이다. 열린 결말은 닫힌 결말과 다르게 마지막 부분을 명확히 맺지 않고 독자들의 상상에 맡긴다. 나는 개인적으로 결말의 또 다른 방식인 열린 결말을 더 선호한다.

'인셉션'의 결말이 전형적인 열린 결말이다. 마지막에 팽이가 멈췄는지 안 멈췄는지, 꿈인지 현실인지, 상상하고 판단하고 이해하는 것은 보는 이들의 몫이며 틀린 것은 없다. 프랭크 리처드 스톡턴의 단편 소설 '여인일까, 호랑이일까?'도 열린 결말로 끝난다.

아주 오랜 옛날 한 나라의 왕은 원형 경기장을 재판장으로 만들었다. 재판장도 없고 배심원도 없다. 재판받는 사람은 경기장으로 나와서 맞은 편에 있는 문 두 개 중 하나를 열기만 하면 된다. 문을 열었을 때 사납고 굶주린 호랑이가 튀어나오면 그 자리에서 찢겨 죽고, 아름다운 여인이 나오면 그자는 무조건 그 여인과 결혼을 해야 한다.

왕에게는 아름다운 공주가 한 명 있었다. 왕은 공주를 매우 아끼고 사랑했다. 그런데 공주가 어떤 신분 낮은 젊은이와 사랑에 빠지고 말았다. 당시 서로 다른 계급 간의 사랑은 불법이었다. 왕이 이 사실을 알고, 젊은이를 감옥에 가둔 뒤 경기장에서 재판을 열기로 했다.

공주는 재판장에 있는 두 문의 비밀을 알아내기 위해 노력했다. 문 뒤에 서게 될 여인이 누군지도 알게 됐다. 그 여인은 왕궁에서 가장 아름답고 사랑스러운 여인이었다. 공주는 젊은이가 호랑이에게 찢겨 죽는 것도, 그렇다고 그 여인과 결혼해 살게 되는 것도 원하지 않았다.

재판 당일, 경기장 가운데에 서게 된 젊은이는 왕에게 절을 한 뒤, 왕의 옆에 있는 공주에게 간절한 눈빛으로 '어느 쪽으로?'라고 물었다. 공주는 남들이 눈치채지 못하게 자신의 손을 들어 빠르게 오른쪽을 가리켰다. 젊은이는 몸을 돌려 마음을 굳게 먹고 빠르게 문으로 향했다. 모든 사람은 숨을 죽이고 젊은이를 지켜보았다. 젊은이는 조금도 망설이지 않고 오른쪽 문을 열었다. 괴로움과 질투 속에서 고민하던 공주는 과연 어느 쪽 문을 가리켰을까? 열린 문에서 나온 것은 여인일까, 호랑이일까?

미안하지만 이야기는 여기까지다. 심장이 목구멍까지 튀어

오르지 않는가? 우리가 이야기를 쓸 때도 이런 결말로 의문을 남기고 독자들에게 생각할 공간을 마련해줘야 한다.

사실 이외에도 글쓰기에는 수많은 기술이 있다. 어떻게 대화를 풀어나갈지, 인물의 성격은 어떻게 묘사할지, 생김새는 또 어떻게 표현할지 등 글쓰기는 정말 힘든 일이다. 만약 글쓰기로 생계를 꾸릴 계획이라면 반드시 많은 쓰기 훈련과 책 읽기로 준비하기 바란다.

글쓰기 분야에서 지름길을 찾는 것은 낭떠러지를 찾는 것과 같다.

갈등을 풀어주는
말의 비밀

생활하다 보면 갈등은 피할 수 없는 숙명처럼 다가온다. 가족은 물론이고 친구, 동료, 상사나 부하직원까지. 주위에 갈등을 일으킬만한 요소는 늘 존재한다. 갈등에 부딪혔을 때 이에 대처하는 사람의 반응은 크게 세 가지로 나타난다.

첫째, **회피**_ 그냥 도망가버린다.

둘째, **양보와 타협**_ 상대에게 무릎을 꿇어서라도 갈등을 막으려고 한다.

셋째, **죽기 살기로 덤비기**_ 당하기 싫어 어떻게든 똑같이 갚아주려 한다.

하지만 이 세 가지 방법은 모두 효과가 없다. 갈등의 본질은 해결하지 못하고 심지어 어떤 방법은 갈등을 증폭시키기 때문이다. 갈등을 완화하고 해결의 실마리를 품고 있는 반응을 보여야 한다. 갈등의 지속은 서로에게 스트레스가 되기 때문이다. 여기서 예전에 읽었던 재미있는 이야기를 하나 들려줄까 한다.

옆집에서 부부 싸움 소리가 너무 크게 난다는 신고를 받고 경찰이 출동했다. 난리가 난 집 안으로 들어간 경찰은 싸움은 말리지 않고 소파에 앉아 다투는 부부를 쳐다만 보았다. 그러자 부부는 한두 마디 더 하다가 다툼을 멈췄다. 아무리 감정이 격해진 부부라도 외부인, 그것도 경찰이 와 있는 상황을 무시할 수는 없었다.

부부가 싸움을 멈추고 어느 정도 감정이 가라앉았을 때 경찰이 입을 열었다. 부부 싸움에 대해서는 일절 언급하지 않고 가구 배치가 멋지다, 차가 정말 깨끗하다, 부엌에서 맛있는 음식 냄새가 난다 등 그들의 집 안 모습을 이야기했다. 그 말을 들은 부부는 이내 자신들이 너무 감정에만 치우쳐 함께 일군 행복을 잊고 있었다는 사실을 깨달았다.

경찰은 갈등을 해결하려면 서로 감정을 내려놓아야 한다는 점을 알고 있었다. 협상가가 인질범에게 흥분하지 말라고 하는 것도 이 때문이다. 감정적인 상태로는 갈등을 해결하기 어렵다.

다난 캐스퍼슨Dana Caspersen은 《대화 룰 변경Changing the Conversation null》에서 "갈등을 해결하는 가장 좋은 방법은 서로 협력하고, 솔직한 대화로 서로의 차이를 이해하여 함께 극복할 방법을 찾는 것이다."라고 말했다.

1. 실마리 찾기

갈등을 마주했을 때 두려워하지 말자. 갈등은 엉킨 실타래와 같다. 풀고 싶다면 먼저 실마리를 찾아야 한다. 갈등이 불가피한 상황이라면 갈등의 시작점을 찾는 데 집중하자. 그러기 위해서 상대의 말을 전심으로 듣고 경청할 필요가 있다.

효과적인 경청을 위해 상대방 말에 담긴 숨은 뜻을 찾자. 상대방이 감정을 표출하며 자기 생각을 고집할 때, 그때가 바로 숨은 뜻을 찾는 최고의 타이밍이다. 예를 들어 여자친구가 "너는 날 안 사랑해."라고 말한다면 그 말 자체만 듣고 어떻게든 자신의 억울함을 풀려고 목소리를 높이지 마라. 오히려 갈등만 깊어진다. 우선 그녀의 말투를 되돌려 봐라. 애교 섞인 말투라면 그저 달려가 다정하게 그녀를 안아주면 된다. 그 말의 숨겨진 뜻은 "날 좀 안아줘. 사랑한다고 표현해줘."라는 의미이다. 원망 섞인 말투라면 "오늘 나랑 같이 시간 보내자."라고 해석하면 된다. 그녀는 당신이 너무 바빠서 함께 할 시간을 보내지 못하는 것에 아쉬움을 느끼고 있다.

갈등을 해결하기 위해서는 반드시 상대방의 말이 무엇을 의미하는지 파악해야 한다. 부모님이 잔소리한다면 짜증내지 말고 사랑한다고 말하자. 당신을 그만큼 걱정하고 있다는 말이다. 반대로 자녀가 일상을 태만하게 생활한다면 혼내지 말고 얼마나 아끼고 사랑하는지 말해주자. 자녀가 원하는 것은 당신의 따뜻한 관심과 사랑이다.

사람의 말 뒤에는 뜻과 요구가 숨어 있다. 말에 숨긴 기본적인 요구는 상대와 서로 다른 이익으로 이어진다. 이를 간파하지 못하면 갈등이 증폭된다. 돌이킬 수 없는 지경까지 관계가 틀어진다. 그러므로 정확하게 그 요구를 찾아내야 지혜로 문제를 해결할 수 있다. 상대의 말을 알아듣기 원한다면 행동과 이익, 요구를 구별하기 위해 노력해야 한다.

충돌은 상대방과 이익이나 요구가 같을 때 발생한다. 어떤 사람이 자기 동네는 너무 위험하다며 자신은 집 밖으로 한 발자국도 나가지 않겠다고 말한다면 이는 그 사람의 행동은 두문불출이지만, 목적은 자신의 안전이며 그에게 필요한 것은 안정이다. 하지만 그런 생각은 옳지 않다고 당신의 생각을 강요할 수 없고 그가 이상한 사람이라고 단언하여 말할 수 없다. 각자 다른 사람일 뿐이다.

그러므로 상대와 갈등이 생길 때 서로의 요구와 이익이 어떻게 다른지 생각해보자. 만약 같다면 금방 해결책을 찾을 수 있다. 하지만 서로 다르면 해결하기 어려워진다. 서로 자신의 요구와 이익을 더 중시하기 때문이다. 협상에 오랜 시간이 걸리는 이유도 이것이다.

2. 상대방이 자신의 요구를 찾을 수 있게 도와주자

많은 사람이 필요와 이익을 혼동한다. 갈등이 생겼을 때 자신이 진짜 바라는 것을 정확히 모르고 있는 경우도 많다. 직접 물어보지 않으면 갈등은 계속된다. 상대방이 횡설수설하거나 생각이 우왕좌왕하면 대범하게 "진짜 원하는 게 뭐야?"라고 물어보자. 이를 기회로 상대방도 자신이 진짜 바라는 것이 무엇인지 생각해보게 된다. 그가 자신의 상황이나 심리를 이야기하면 당신도 그것을 이해했다고 확인시켜줘야 한다.

어떤 사람이 "나는 저 애들이 내 정원에 들어오지 않았으면 좋겠어!"라고 말한다면 어떻게 대답할 것인가. "아이들을 별로 안 좋아하시나요? 여긴 그냥 풀밭일 뿐이고 아이들이 망가뜨

릴 것도 없어 보이는데요."라고 반문한다면 상대는 입을 닫는다. 자신을 소심한 사람으로 여길지 모른다는 두려움까지 느낀다. 이로써 큰 갈등이 유발된다. 이때에는 "아이들이 여기에 오는 것을 싫어하는군요(확인). 아이들이 무슨 잘못을 했었나요, 아니면 그냥 단순히 저 아이들이 오는 게 싫은가요?"라고 그의 마음만 확인시켜줘도 아주 훌륭한 답이 된다.

그가 대답하면 그의 상황과 심리를 아는 기회가 될 수 있다. 그는 당신과 말이 통한다고 생각하고 속마음을 보인다. 그의 입장에 완전히 동의하지는 않더라도, 대화는 이어나갈 수 있다. 무슨 말만 하면 토를 다는 사람과는 대화할 수가 없다.

3. 상대방의 기분을 받아들이자

상대방이 화를 내면 일단 그 기분을 받아주자. 이 방식은 사회생활에 굉장한 효과를 낸다. 상대가 화를 내면 화가 누그러질 때까지 기다렸다가 요구와 이익에 관해 대화하면 훨씬 잘 이해한다. 그러므로 갈등을 마주쳤을 때 일단 가만히 경청하자. 그 과정에서 절대 자신의 의견이나 태도를 보이면 안 된다. 상대가 그것을 눈치채는 순간 서로의 감정은 폭발한다.

갈등이 유발될 때 지금 내 감정과 싸우고 있는 것은 아닌지,

내 자존심을 지키기 위해 싸우는 것은 아닌지 자신에게 꼭 물어보자. 누군가 성질을 내고 있는 나를 지켜보고 있다고 생각하는 방법도 있다. 그러면 좀 더 냉정을 유지할 수 있다.

내가 운전 중에 겪은 일이다. 퇴근 시간대에 차로 시내를 달리는데, 신호등이 노란불로 바뀌어 속도를 줄이고 정지선 앞에 멈춰 섰다. 그러자 뒤따르던 차가 경적을 계속 울려댔다. 급기야 옆 차선으로 와서 창문을 내리고 욕을 해댔다. 나도 따라서 욕을 뱉으려 할 찰나에 내 감정의 경보기가 울렸다. 나는 가만히 있기로 결정했다.

신호등이 다시 초록색으로 바뀔 때까지 나는 그의 욕을 그냥 듣고만 있었다. 나는 차를 출발시키며 그에게 "좋은 하루 보내세요."라고 말했다. 내가 나를 컨트롤 할 수 있었던 것은 누군가 나를 지켜보고 있다고 상상했기 때문이다.

4. 호기심을 기르자

상반된 관점에 호기심을 기르는 것 또한 갈등 해소 방법이다. **지속적인 소통을 위해서는 상대에게 호기심이 있어야 한다. 상대방이 나의 관점에 반대하는 데에는 분명히 이유가 있다. 왜 반대하는지, 그의 생각은 무엇인지, 어떤 이유를 대는지 이렇게 궁금해하는 요소가 호기심이다. 자기 의견만 내세**

우기보다 서로 다른 가치관을 받아들여야 한다. 못 받아들이겠다면 최소한 상대방이 말을 다 할 수 있도록 기회를 줘야 한다.

상대가 자기 관점을 고집할 때 이를 참아내기란 힘들다. 연습을 통해 인내 능력을 길러야 한다. 우선 자신이 화가 났던 상황을 떠올리고 다섯 가지를 생각해보자.

-이 사람은 왜 자기 말만 옳다고 생각할까?

-왜 이런 일을 했을까?

-그가 원하는 것은 뭘까?

-나도 그에 대한 책임이 있는 것은 아닐까?

-어떻게 해야 우리가 효과적으로 대화할 수 있을까?

상대의 말을 도무지 이해할 수 없을 때나 대화를 이어가고 싶지 않을 때 자신에게 이 질문을 던지자. 서서히 답을 찾을 수 있다.

5. 원칙을 깨자

회식 자리에서 한 배우가 갑자기 내게 화를 냈다. 그가 나를 오해해서 생긴 일이었지만 굳이 나를 변호하지 않았다. 이유는 두 가지였다. 첫째는 많은 사람이 있었고 다들 술을 많이 마신 상태였다. 둘째는 그날은 그가 마련한 자리였다. 나는 "먼저 가 보겠습니다. 다들 재미있게 놀다 들어가세요."라고 웃으며 말하고 자리를 떴다. 그날 밤, 그 배우는 자신이 술을 많이 마셔 실수했다며 미안하다고 사과 전화를 했다.

갈등이 발생했을 때 도저히 그 상황에서 감정을 조절할 수 없고 상대방의 말을 끊을 수 없다면, 그에게 생각할 시간을 주는 것도 하나의 방법이다. 미국의 저명한 사회학자 로저 굴드Roger Gould는 《의지의 충돌Collision of Wills》에서 갈등은 사람들이 지배 관계를 규정하는 하나의 수단이라고 말했다. 지배 관계가 분명하고 논란의 여지가 없는 상황에서는 갈등이 일어나지 않는다. 당사자들의 위치와 권력 경계가 모호할 때 갈등이 쉽게 일어난다. 이를 방지하기 위해 자신의 경계를 확실히 세우고 그것을 강조해야 한다.

-나는 밤늦은 시간에 전화 통화하는 것을 안 좋아해.

-나는 의미 없는 사교모임에 가는 것이 싫어.

-나는 아침에 일어나자마자 일 이야기하는 것은 안 좋아해.

다른 사람에게 자신의 경계를 정확하게 표현하면 당신에 대한 이해의 폭이 넓어진다. 이를 존중해줄 것이기에 쉽게 갈등이 찾아오지 않는다. 자신의 경계를 세웠다면 자신을 편하게 해주는 사람을 친구로 두면 된다.

갈등과 마주하기를 무서워하지 말자. 두려움은 사회생활의 차단막이다. 갈등에 자신감을 가지자. 당신은 반드시 돌파해낼 수 있다.

사과할 줄 아는 것도 능력이다

상대의 입에서 미안하다는 말이 나올 때까지 몰아가지 않아야 한다. 그의 자존감을 무너뜨리는 일이고 서로에게 좋지 않은 영향을 미친다. 누군가 당신을 그렇게 몰아간다면 좋겠는가. 역지사지로 생각해보면 빠르게 이해된다. 잘못을 저지르지 않는 사람은 없다. 잘못을 했을 경우에는 핑계 대지 말고 올바른 방법으로 사과하자.

컬럼비아대학 교수 애덤 갤린스크와 모리스 슈바이처가 함께 집필한 《관계를 깨뜨리지 않고 원하는 것을 얻는 기술》에는 사과하는 방법을 전문적으로 다루고 있다. 그들이 정리해놓은 것에 내 의견을 더해 소개한다.

1. 타이밍과 속도

사과의 타이밍과 속도는 매우 중요하다. 유명인이 공개적으로 사과할 때 타이밍과 속도가 항상 아쉽다. 사건이 발생하고 바로 사과하지 않는 경우가 많다. 사과의 속도에 따라 여론이 뒤바뀐다. 한 번의 사과로 끝난다고 생각해서도 안 된다. 골이 깊어지며 또 다른 문제가 생긴다. 반드시 사과하고 같은 일이 반복되지 않도록 자중해야 한다.

그렇다고 빨리 사과하는 것이 항상 좋은 것만은 아니다. 잘못하자마자 바로 사과하는 것이 좋다고 생각 없이 툭툭 사과의 말을 내뱉는 사람도 있다. 하지만 진정성이 느껴지지 않는 사과는 오히려 상대의 감정을 더 상하게 만든다. 미안한 마음을 전할 때는 상대의 심리까지 고려한 타이밍에 진심 어린 사과를 준비해야 한다.

2. 솔직한 태도

일부 회사가 낸 사과 성명이 비난을 받는 이유는 형식적인 사과에 그치기 때문이다. 진정성이 느껴지지 않고 책임 회피로 일관된 사과는 인정받지 못한다. 반대로 용서를 받는 회사의 사과에서는 솔직하고 책임을 통감하고 있음이 느껴진다.

3. 취약함

잘못했으면 질책받는 것이 당연하다. 미안한 마음으로 약한 모습을 보여주자. 잘못하고도 당당한 듯 버티고 있으면 상대가 더 강하게 질책한다.

4. 피해자에게 집중하기

피해 당사자에게 사과하는 것이 언제나 우선이다. 많은 공인이 이 점을 망각한다. 대중에게 먼저 사과하면 여론 무마용으로 여긴다. 피해자의 상처를 위로해주고 책임 있는 의식을 보여주어야 대중의 신뢰가 무너지지 않는다.

5. 변화를 약속하기

과거의 잘못이 현재 드러나는 경우가 있다. 이럴 때는지금은 완전히 달라졌으며 다시 한번 기회를 달라고 말하며 변화를 약속해야 한다.

6. 선물하기

선물은 인간관계를 회복시키는데 윤활유가 된다. 선물의 경제적 가치가 높을 필요는 없다. 선물은 뉘우침의 상징이다. 과일 바구니 하나라도 준비하자. 이것이 용서를 구하는 태도이다.

7. 비교하고 설명하기

"그 상황에서 제가 그렇게 말한 것은 잘못됐습니다(비교). 하지만 정말 그런 뜻은 아니었습니다(설명)."

말하는 방법도 사과의 요령이다.

8. 상대가 용서하지 않을 때

상대의 용서와 관용의 문제는 사과하는 사람에게 부담이다. '상대방이 용서하지 않으면 어떡하지?'라는 문제가 사과 전부터 괴롭힌다. 이에 조금 초연해질 필요가 있다. 갈등의 골이 깊다면 용서되지 않는 것도 정상이다.

애니메이션 '보잭 홀스맨'에서 보잭은 20년 전에 자신이 배신한 작가 친구가 암에 걸렸다는 소식을 듣는다. 그에게 사과하기 위해 찾아갔지만, 친구는 그를 용서하지 않았다.

"내가 죽어간다는 소식을 듣고 나서야 용서를 구하다니. 내가 용서하면 너의 마음은 편해지겠지. 근데 그 꼴은 못 봐. 네가 불편한 마음을 오래 안고 살았으면 좋겠어."

사과는 한 번만 하는 게 아니다. 사과를 말로만 해서도 안 된다. 사과할 때 사용하는 "미안해."라는 단어는 너무나 의례적인 말로 들릴 수 있다. 아무도 "미안해."라는 한 마디로 상대를 용서해주지 않는다. 그 말만으로는 해결되지 않는 심리적 문제가 있기 때문이다. 그러므로 미안하다는 말은 사과의 시작일 뿐 절대 끝이 아니다. 상대방에게 어떻게 배상할지 물어보고 조건을 제시해도 좋다.

"제가 사과의 뜻으로 작지만 조그마한 성의 표시를 좀 하고 싶습니다."

"많이 속상하셨을 텐데 어떻게 제가 할 수 있는 일이 없을까요?"

사과 후 계속 교류를 원한다면 이 한 마디도 덧붙이자.

"부디 제 잘못은 잊어주시고 앞으로도 계속 관계를 이어나갈 수 있으면 좋겠습니다."

9. 지나친 사과하지 않기

사소한 잘못에 여러 번 사과했는데도 상대가 용서해주지 않는다면 사과를 멈추어도 좋다. 캐나다 사회학자 마야 요바노비치Maja Jovanovic는 사람들은 종종 자기 잘못이 아닌 일에도 사과한다고 말한다. 지나친 사과는 자신에게 전혀 도움이 되지 않는다. 오히려 자신감만 위축된다. 사과는 언제든 할 수 있지만, 망가진 자신감을 회복하는 데에는 오랜 시간이 걸린다.

미안하다는 말 대신에 고맙다는 말을 자주 사용하면 좋다.

마야 요바노비치는 동료들과 점심을 먹기 위해 약속 장소에 갔다. 그런데 한 동료가 약속된 시간보다 훨씬 뒤에 나타났다. 그는 미소를 띤 얼굴로 "기다려 주셔서 감사합니다. 여러분."이라고 말했다. 그의 말에 사람들은 "괜찮아요."라고 응답했다. 화기애애한 분위기로 식사는 계속되었다.

업무 중에 끊임없이 사과하는 것은 자신의 입지를 위태롭게 만들 수 있다. 잘못했다고 사과할 시간에 서둘러 해결책을 내놓는 게 낫다. 고객이나 동료 또는 상사가 잘못을 따지며 화낼 때, 사과는 반드시 한 번에 끝내고 해결책을 제시하자.

고객에게도 "죄송합니다.", "미안합니다."와 같은 단어는 최소한으로 사용하자. 대신 "죄송합니다. 확실히 그 부분은 신경 쓰지 못했네요, 어떻게 해드리면 될까요?", "미안합니다. 그럼 앞으로 어떻게 할지 함께 토론해봅시다.", "선생님 말씀이 맞습니다. 이해해주셔서 감사합니다. 그럼 제가 무엇을 하면 될까요?"라고 말한다.

고객은 사과의 말보다 질 높은 해결책에 더 신경 쓴다. 좋은 해결책을 제시하는 것이야말로 좋은 사과다.

10. 잘못 줄이기

무엇보다 자기 잘못을 줄이자. 사과할 일을 만들지 않는 것이 최상의 배려이다.

결정적 순간에 대화의 길을 열자

2008년 아버지와 나는 대학 진학 문제로 대화를 나눴다. 나는 ○○에 있는 일반 대학에 가고 싶었지만, 아버지는 군사학교에 들어가길 바랐다. 우리는 서로를 설득하려 했다. 결과적으로 합의는 결렬되고 말았다. 다음날 오후, 다시 진행된 대화에서 나는 아버지에게 설득당했다. 지금 생각하면 나의 미래를 좌우한 결정적 순간의 대화였다.

실생활에서 우리는 인생을 건 중요한 대화를 나눌 때가 있다. 결론적으로 이런 결정적 순간의 대화에는 세 가지 특징이 있다. 첫째는 대화하는 양측의 관점이 다르다. 아버지는 내가 군사학교에 가길 바랐고, 나는 일반 대학에 가고 싶었던 것처럼 상충하는 의견이 있다. 둘째는 위험 부담이 크다high-risk. 사장의 잘못된 행동을 지적하거나, 아내에게 다이어트를 좀 할 때가 됐다고 말하는 것처럼 상대의 기분에 따라 상황이 달라지는 경우이다. 셋째는 양측의 감정이 격앙된다. 비즈니스 협상 중 서로의 의견이 전혀 맞지 않아서 난항에 빠진다든가, 동료와 업무 방안 문제로 각을 세울 때처럼 결코 물러설 수 없는 지점에서 감정이 고조된다. 이처럼 서로 다른 관점, 큰 위험 부담, 격앙된 감정. 이 세 가지는 중요한 대화의 3요소이다.

왜 중요한 대화를 제대로 풀어나가지 못할까? 해법이 없는 대화를 두고 자책할 필요는 없다. 원인은 우리의 유전자에 있다. 모든 생물의 첫 번째 목표는 '생존'이다. 원시 시대 인간은 위험을 마주했을 때 도망치거나 상대를 없애거나 둘 중 하나를 택해야 했다. 차선책은 생각해보지 않았으며 자기 주장대로 행동해야 후회하지 않았다. 바로 이것이 우리 사고에 깊이 박혀 있다. 오늘날에는 예전처럼 육체적인 위험을 자주 맞닥뜨리지 않지만, 상대방의 말에서 조금이라도 위협이 느껴지면 여전히 도망치거나 상대를 이기려 든다.

앞서 말한 서로 다른 관점, 큰 위험 부담, 격앙된 감정의 세 가지 특징의 언어가 위험 신호를 주면 우리 몸은 아드레날린을 분비하고 뇌는 혈액을 팔다리와 근육으로 전달하여 전투할 준비 혹은 도망칠 준비를 태세를 취한다. 긴장 상태에는 뇌에 혈액 공급이 원활하게 되지 않으면서 이성적 사고에 심각한 영향을 미친다. 이 때문에 중요한 순간에는 어쩔 줄 몰라 하게 되는 것이다.

대화가 격렬한 논쟁으로 번진다면 주의하자. 언성을 높이고 큰 소리로 떠드는 행동, 욕설을 쏟아내고 강압적인 어휘가 나오거나 열띤 토론이 갑자기 조용해지는 경우 결정적 순간이라는 신호이다. 이때 어떻게 대화를 풀어나가야 할까?

《결정적 순간의 대화》에 나오는 유용한 네 가지 방법을 사용해보자.

1. 대화의 목적 확실히 하기

대화의 목적은 매우 중요하다. 본격적인 소통에 앞서 자신이 왜 이 대화에 임해야 하는지 분명히 해야 한다. 상대방의 말을 들을 때도 그의 목적이 무엇인지 생각해야 한다.

어느 회사의 경영 자금 절감 대책 회의 자리에서 한 직원이 사장에게 질문했다.

"사장님은 우리에게 인쇄 장비 업그레이드를 포기하게 만들면서 정작 사장실은 비싼 돈 들여서 리모델링하고 가구 구입에 15만 달러를 들였다는데 맞습니까?"

보통 이런 공격을 당했을 때 우리는 반격하거나 회피하는 것 중 하나를 선택한다. 하지만 올바른 대응은 대화의 목적에서 벗어나지 않았다면 이를 받아들여야 한다. 사장은 자신의 감정을 누르고 말했다.

"좋은 지적입니다, 우리는 그 부분을 토론해볼 필요가 있습니다. 이런 예리한 질문을 하는 것은 그만큼 경영 자금 절감에 관심이 있다는 뜻이군요, 감사합니다."

어떤 토론이든 시작하기 전 반드시 그 목적이 무엇인지 알아두자. 대화의 단계별로 목적을 확실히 해야 한다. 자신이 도피하거나 폭력적으로 변할 징조가 보이면, 목적을 벗어나고 있다는 뜻이니 빠르게 본 궤도로 돌아가야 한다. 많은 리더는 자신의 의견에 어긋나면 바로 화를 내며 대화의 목적보다는 감정에 이끌리는 경우가 많다. 리더는 조직 내 구성원과 각별하게 소통해야 한다. 특히 내부 문제의 토론에서는 자신의 권위를 내세우기보다 목적을 분명히 하고 자기감정을 배제해야 한다.

2. 안전한 대화 분위기 조성하기

대화할 때는 대화의 분위기를 먼저 고려해야 한다. 모두가 하고 싶은 말을 하고 공감대를 형성하기 위해서는 안전한 분위기가 반드시 조성되어야 한다. 서로 같은 목표로 문제를 해결하려 모였다는 점을 알려줌으로써 안전한 대화 분위기를 형성할 수 있다.

결정적 대화는 더욱 안전한 환경이 필요하다. 소통 환경이 안전하다고 믿으면 그가 당신에게 최대한 많은 정보를 제공한다. 당신이 대화의 리더라면 결정적 대화 전에 농담을 던져보자.

"미리 약속해주세요. 오늘 제가 무슨 말을 하든 때리지 않겠다고요."

다 같이 한바탕 웃고 난 뒤 자연스런 분위기에서 대화를 시작하면 된다.

3. 있는 그대로의 사실 말하기

우리는 사실을 전하기보다 감정을 표현하는 데 더 급급하다. 감정이 격해진 상태라면 누가 무슨 말을 하든 삐딱하게 받아들인다. 특히 지적이나 조언을 자신을 비꼬고 겨냥하고 있다고 여긴다. 그럴수록 상대와의 대화는 점점 진실에서 멀어진다.

대화에서 부정적인 심리는 사실에서 멀어질 때 형성된다. 자신을 피해자라고 여기고, 모든 문제는 상대가 일으켰다는 피해 의식을 갖게 한다. **어떤 사실을 마주했을 때 주관적인 판단을 내리는데, 이 판단은 우리에게 감정이 부여한다. 주의해야 할 감정은 개인의 주관적 판단에서 오는 것이지 사실에서 오는 것이 아니다. 그러므로 대화에서 상대방의 감정 속에 얽힌 사실을 잡아내야 한다.**

첫마디부터 상대를 질책한다면 어떤 문제도 해결할 수 없다. 있는 그대로 사실부터 말하고 자신의 판단을 말하자. 예를 들어 영어를 전공하고 싶은데 부모님이 다른 전공을 제안한다고 하자. 그럴 때 간섭하지 말라며 짜증내지 말고 말하자.

"말씀하신 다른 전공은 취업률이 별로 높지 않아요, 그리고 사실 저는 영어를 더 전공하고 싶어요."

4. 상대방의 진실된 동기 알기

순조로운 대화를 위해 상대의 마음을 파악해야 한다고 이미 여러 차례 강조했다. 그래도 다시 한번 이야기하는 것은 그만큼 중요하기 때문이다. 자녀가 요즘 들어 성적이 떨어지고, 갑자기 이상한 옷을 입고, 비속어를 입에 달고 산다면 당신은 조급한 마음에 일방적으로 다그치고 훈육한다. 하지만 그렇게 해서는 절대 상황을 바꿀 수 없다. 오히려 관계만 악화될 뿐이다. 소통을 통해 아이가 그렇게 하는 이유와 동기를 알아내야 한다. 사춘기가 온 것일 수도 있고, 친구들 분위기에 휩쓸려 그러는 것일 수도 있다. 어쩌면 학교에서 누군가에게 괴롭힘을 받고 있을지 모른다. 아이의 동기를 알면 어떻게 대처해야 할지 길이 보인다.

결정적 순간의 대화는 일상에서 순간순간 맞닥뜨리게 된다. 두려워하지 말자. 당황하지도 말자. 이 책에서 본대로 시도해 보자.

평가 없는 관찰

루스 베버마이어

나는 게으른 사람을 본 적이 없습니다.

내가 본 사람은 내가 보는 동안에

한 번도 달린 적이 없는 사람입니다

그는 점심과 저녁 사이에 가끔 잠도 자고,

또 비 오는 날에는 집에 있습니다.

하지만 그 사람은 게으름뱅이가 아니랍니다.

나를 어리석다고 하기 전에 생각해보세요

그는 정말 게으른 사람일까요 아니면 단지

우리가 '게으르다'라고 말하는 행위를 했을 뿐인가요?

나는 바보 같은 아이를 본 적이 없습니다.

내가 본 아이는 가끔 내가

이해 못 하는 일

아니면 예상하지 않았던 일을 하는 아이입니다

내가 가 본 곳들에 가 보지 못한

아이를 본 적이 있습니다

하지만 바보 같은 아이는 아니었죠.

바보라고 하기 전에 생각해보세요

그 아이가 바보일까요 아니면 단지

당신이 아는 것과 다른 것들을 알고 있을 뿐일까요?

아무리 열심히 둘러보아도

나는 요리사를 본 적이 없습니다

나는 우리가 먹는 음식의

재료를 혼합하고,

불을 켜고 고기가 구워지는 것을

살피는 사람을 보았습니다

하지만 요리사를 본 적은 없답니다

내게 말해주세요

당신이 보는 사람이 요리사일까요 아니면

우리가 요리라고 부르는 일을 하는 사람일까요?

어떤 사람이 게으르다고 말하는 것을

다른 사람은 지친 거라고 혹은 태평스러운 거라고 말합니다

어떤 사람은 바보 같다고 말하지만

다른 사람은 단지 다른 것을 알고 있을 뿐이라고 말합니다

그래서 나는 결론에 도달했어요

만약 우리가 보는 것과

우리의 의견을 섞지 않는다면

많은 혼란을 면할 수 있을 거라고

당신도 그렇게 생각하겠지만, 제가 말하고 싶은 것은

이것도 단지 내 의견일 뿐이라고

힘찬 악수, 자신감 넘치는 안부인사가
좋은 첫 인상을 남기는 가장 좋은 방법은 아니다.
연구에 따르면 사람들은 자신감이 넘치는 사람이 아닌
신뢰할 수 있는 사람에게 더욱 적극적인 피드백을 보낸다.

사회심리학자 에이미 커디

두 사람이 눈을 마주쳤을 때, 큰 소리로

"좋은 아침!"이라고 건네는 인사말은 겉보기엔 별 의미가 없어 보이지만,

서로에게 모두 편안한 느낌을 가져다줄 수 있다.

인간관계 소통전문가 나카시마 아오코